Istoria Della Famiglia Acquaviva Reale D'aragona: Con Un Discorso Prodromo Della Nobiltla, Nomi, Ed Insegne Degli Antichi, E De'moderni, Ed Un Ristretto In Fine Di Quanto Ampiamente Si Le Dimostrato Per Pruova Della Distinta Nobiltla Della...

Baldasarre Storace

ISTORIA
DELLA
FAMIGLIA ACQUAVIVA
REALE D'ARAGONA

Con un *Discorso prodromo della Nobiltà, Nomi, ed Insegne degli Antichi, e de' Moderni, ed un Ristretto in fine di quanto ampiamente si è dimostrato per pruova della distinta Nobiltà della Chiarissima Casa* ACQUAVIVA

SCRITTA

DA BALDASARRE STORACE

Avvocato Romano, e Bibliotecario, ed Uditore dell' Emo
Signor Cardinale D. TROJANO D'ACQUAVIVA
Ministro in Roma di S. M. C. &c.

IN ROMA M. DCC. XXXVIII.
Presso il Bernabò.

CON LICENZA DE' SUPERIORI.

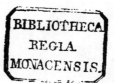

All' Illuſtriſſima, ed Eccellentiſſima Signora
LA SIGNORA
D. ELEONORA PIO DI SAVOJA
DUCHESSA D'ATRI.

BALDASARRE STORACE.

 RA i molti ragguardevoli pregi, de' quali và glorioſa, e preſſo noi ſi è renduta eminente ſopra tutte le altre la chiariſſima Caſa ACQUAVIVA, di non poco momento è ſtato reputato quello degli ſplendidiſſimi parentadi contratti con le più diſtinte Famiglie d'Italia.

A 2

Quin-

Quindi celebrata molto, ed aſſai commen-
data ella fu fin dal mille cinquecento ſeſſan-
ta per il matrimonio del Duca d'Atri Gio:
Girolamo Acquaviva colla nobiliſſima Mar-
garita Pìo, i di cui figli formarono il carat-
tere più diſtinto della nobiltà, e ſplendore de'
loro antichi Maggiori. Ma colla nuova con-
giunzione di ſangue per mezzo della pregia-
tiſſima perſona di V. E. coll' odierno Signor
Duca d'Atri D. DOMENICO nuovo ſplendidiſ-
ſimo lume tra di loro vicendevolmente com-
municatoſi; egli ſembra tant' oltre eſſerſi
avanzato lo ſplendore, e la ſtima, che a qual
de' due gran lumi debaſi la maggioranza io
non ſappia diſtintamente diviſare. Avendo
io intanto tra le cure, e li ſtudj non molto
piacevoli del foro fatto acquiſto di molte no-
tizie, che riguardano il ſingolare ſplendore
della Caſa Acquaviva, e formatane una
breve iſtoria ſenza lunga pezza penſare, a
chi doveſſi io drizzarla mi è a grand' uopo
occorſa nell' animo la chiariſſima perſona di
V. E., a cui come più ragguardevole fregio
della Caſa Acquaviva ſi doveſſe conſecrare.
Ma per ciò fare coſa neceſſaria ſarebbe una
qualche diſtinta immagine della ſua rinoma-
tiſſi-

tiſſima Caſa Pio rappreſentare in guiſa, che fiſſandoſi lo ſguardo in eſſa, la giuſta idea delle ſue grandezze formar ſi poteſſe. Ed ora è addivenuto a me non altrimente che a ruſtico contadino, il qual non avezzo giammai a mirare coſe ſingolarmente adorne, e vaghe, ove egli in ampia Città, e ſuperbamente abbellita s'abbatta, gl'occhi ſtupidi rivolgendo in giro nuove maraviglie, e non uſitate l'arreſtano, ſichè egli ritornato nel ſuo povero tugurio non sà ne anche la cagione delle ſue maraviglie a' teneri ſuoi figliuoli diſtintamente narrare. Nella ſteſſa guiſa è accaduto a me nel riandare le antiche memorie di amendue queſte famiglie, ove tante, e sì gran coſe mi ſi parano d'avanti, che egli non è per avventura sì leggier coſa da poterle compitamente appaleſare. Poichè chi è, che leggiermente iſtrutto delle vicende d'Italia non ſappia, aver la chiariſſima famiglia de' Principi Pii in queſte noſtre regioni da antichiſſimi tempi ſignoreggiato? a chi ſono ignoti i famoſiſſimi fratelli Manfredi, che nella Valle Nemoroſa in Lombardia da' tempi quaſi ignoti a' noſtri Iſtorici alzarono glorioſamente il capo, e buona parte di quelle contrade al loro dominio foggettarono. E dopo la divifione fatta nel 1267. da' Signori Pii, Pici, e Papazzoni, parte de' quali in Ferrara, parte in Modena, e parte in Bologna fi portarono, non mancarono tuttavia, nè fi eftinfero le memorie del loro altiffimo legnaggio, poichè anche a' giorni noftri fi offervano nella Chiefa de' Padri Minori Conventuali, ed in quella di S. Gregorio di Ferrara le antichiffime infegne di Cafa Pio dell' anno 1200. in circa nè capitelli delle colonne di marmo, argomento evidentifsimo della loro antica nobilifsima defcendenza. Oltre a ciò tutto ampiamente conferma il teftamento fatto nel 1287. dal celebratifsimo Matteo de' Pii, in cui tra gl' altri fregi di fua nobiltà lafcia a' figli fuoi molti Vaffallagi, che per antico privilegio Imperiale poffeduto avea. Ed allora fu, per quanto fi raccoglie da una Cronaca antica di Modena, che il potente Manfredo de' Pii, le di cui magnifiche opere, e virtù rifuonarono da per tutto in Italia, conducendo forte efercito Imperiale, e liberando da molti Tiranni la mifera Italia, le diede alla fine la defiderata pace, e tranquillità. Per opra sua ceffarono le violenze, le rapine, ed altre sì fatte crudeli cofe, onde egli ragionevolmente meritoffi la carica di Vicario Imperiale in Italia. Potrei agevolmente parlare del gran Federico de' Pii, che nel 1319. fu fatto Signore di Carpi. E fe il tempo me 'l permetteffe ben potrei io appalefare le infigni gefte di Manfredo de' Pii, che con tanta gloria della fua famiglia pofe in falvo l' efercito della Chiefa comandato in Italia da Beltramino del Baffò. Onde fempre più crefciuta in reputazione, e ftima quefta famiglia, ebbe la gloria nel 1330. dopo la divifione fatta di Modena, e della Mirandola, aver per sè la Tenuta di Carpi, ed altri Caftelli fpettanti alla Città di Modena. Lo che confermatofi dal Re di Boemia nel 1331., ed ampiamente dilatata la fua Signoria, fu altresì comandata la fua armata dal celebre Guido de' Pii, il quale ricolmo d' infiniti onori intervenne nel 1336. nella Città di Verona per la famofa concordia, che ivi fi fece tra la Sereniffima Cafa Eftenfe, e la fua, a cui oltre la Signoria di Carpi, e fue pertinenze gli fu altresì affegnata la Terra di San Marino, il Caftello di S. Felice, ed altri

luo-

luoghi, con patti così ragguardevoli, che egli sembra a' nostri Istorici aver occupato il primo luogo tra le altre famiglie in Italia. E per tralasciare le molte guerre, e contese tra' Signori Pii, ed altri cospicui Baroni Italiani, egli d'uopo sarebbe recare in mezzo il trattato conchiuso nel 1358. in Ferrara tra Galasso Pio, e gli altri suoi emuli, e competitori, per vedere il luogo, che a questa sì chiara gente per la chiarezza del sangue si debba assegnare. Ma ove io lascio i figli del Gran Galasso, Marsilio, e Gilberto de' Pii, che nel 1375. con tanto onore stipularono la Lega tra loro, ed il Cardinal Legato del Papa Gregorio XI., in vigor della quale si obbligò il Papa difenderli, e mantenerli nel pacifico possesso di Carpi, e di altri loro Castelli con pagare altresì ad essi dugento fiorini d'oro al mese per le spese della Guerra. Quindi veggiamo dal 1400. in appresso i nobilissimi Signori Pii signoreggiare trentacinque Castelli intorno Modena, la Corte de' Quarantola, il fiume Secchia, e Carpi per bella fortuna della nostra Italia, per la cui libertà, e quiete si erano fortemente impegnati. Ivi diedero sempre mai pruove di senno, e di

valo-

valore mirabili, e stupende, onde alle splendide grandezze de' loro Maggiori imparentarono anche quelle, che ora con tanto lustro veggiam possedere, nel Regno di Napoli lo stato della Città di Nocera, molti Feudi e Signorie presso Roma, e nella Romagna, in Venezia, in Milano, ed in gran copia, ed assai cospicue nelle Spagne. E se le arti della pace, e le lettere recano lustro alle famiglie come posso io tacere il grand' Alberto Pio Principe famosissimo in armi, e lettere, Filosofo, e Teologo de' più eminenti di quella stagione? Ma sopra tutti gli altri nelle arti de' gran maneggi celebri si renderono i due Cardinali Ridolfo, e Carlo, il primo de' quali per la convocazione del Concilio di Trento fu mandato all' Imperadore, ed al Re di Francia da Clemente VII., fu due volte in mancanza del Papa Legato della Città di Roma, due volte ancora Legato della Santa Sede all' Imperador Carlo V., e Francesco I. Re di Francia, e sempre impiegato ne' più importanti affari della Corte di Roma presso le altre tutte d'Italia, tanta e sì gran copia d'onore, e di gloria si procacciò, che come raggiante Sole tra tutti i valent' uomini di

B

quel

quel tempo egli venne diſtinto, e conoſciuto.

Da queſti sì chiari lumi de' ſuoi Antenati mirabilmente illuſtrata la famiglia Pio ſi vede ella nella noſtra Italia talmente riguardata, che non vi è ſtata famiglia così celebre, che con eſſa vincolo di ſangue non abbia ſtrettamente congiunto. Quindi fin dal 1300. oſſerviamo i Signori Pii imparentati con Pedochi, Pici, Gonzaghi, Padella, Correggi, Malaſpini, Eſtenſi, e colla Real Caſa di Savoja; ed a dì noſtri, tra i primi Signori della grandezza Spagnuola colla chiariſſima Principeſſa D. Giovanna Spinola de la Cerda voſtra fortunata Madre, e coll' inclita famiglia Benavides de' ſplendidiſſimi Conti di S. Stefano per mezzo dell' odierno Signor Principe D. Gisberto erede non meno della Signoria, che dello ſplendore de' voſtri chiari Maggiori. Ne' brevi confini d' una lettera egli non è poſſibile reſtringere tutto ciò, che ben groſſo volume richiederebbe, onde duopo ſarebbe lodevolmente ridire la virtù, e l'onore del celebratiſſimo Principe D. Franceſco Pio avventurato Padre di V. E., al di cui valore, coſtanza, e fedeltà appoggiata in gran parte la Monarchia Spagnuola
dall' In-

dall' Invittiſſimo Re Filippo V., abbiamo inteſo con ſingolar piacere debellati i ſuoi nemici, la Catalogna nel deſiderato agio, e tranquillità ripoſta, e mercè le ſue induſtrie, i confini delle Spagne nella bella pace, e quiete rimeſſi. Ma a che vado io ricercando lontani eſempj, quando in voi attentamente riguardando ſommamente debbo rallegrarmi, e ſingolar piacere ſentire, veggendo nel nobile animo voſtro una viva immagine di quei generoſi, e veramente degni antichi ſpiriti de' voſtri Maggiori, i quali delle arti nobili invaghitiſi, e per ciò gran parte di tempo ad eſſi donando, gli amatori altresì, e i coltivatori di quelle, quanto più per lor ſi potea amorevolmente accolſero, e confortarono. E per trapaſſare ſotto ſilenzio, e non offendere il voſtro natural coſtume, con cui da tutti vi fate giuſtamente onorare, tralaſciar non debbo quel voſtro aperto e ſincero modo da trattare, che la candidezza, e nobiltà dell' animo voſtro a ciaſcuno fa chiaro, e paleſe. Chi in voi Signora, ſe mai ne fu alcuna in ſupremo grado maeſtevole, avvenente, gentileſta, e generoſa, non ammirerà altresì quel grandiſſimo amore per la verità, ed un ma-

turo

turo di scernimento, e giudizio finissimo in tutte quelle cose, che voi lievemente, e come per vostro trattenimento vi compiacete osservare? quando tutto questo appunto in parecchi valent' uomini nelle arti della pace lodevolmente esercitati, e che troppo più gran parte di tempo, e di fatica, che non avete fatto voi, hannoci a loro di impiegata, si suole indarno desiderare. Il ricevere adunque con la solita vostra cortesissima grandezza questo attestato del mio ossequio, e delle obbligazioni, che in gran numero, e maggior peso alla celebratissima vostra Casa io professo, vi rammenterete che da uno donati vi vengono, il quale desiderando cose maggiori, e più degne, sicome degnissime vi si converrebbero, vi saranno tuttavia in qualunque modo grate, se non pel merito di colui, che ve le presenta, almeno per la dignità, e nobiltà del sogetto, che elle contengono. Ed in questa parte oltre all' aver io in qualche maniera sodisfatto a' grandi obblighi, che professo alla Casa Acquaviva, ed alla Patria mia, mi par che siasi abondantemente proveduto al vostro quotidiano studio della nostra Italiana favella, come altresì alle richieste, e curiosità di molti, che

dell'oridell' origine di questa sì cospicua Gente d'esser fatti chiari lungamente desideravano. Che se poi in mandar fuori queste notizie dell' antichità, e splendore della famiglia Acquaviva, abbia sol tanto goduto di far vivo, ciò che da molti dotti era stato pianto in parte per morto, e ciò, che per lo spazio di settecento anni in circa è stato sempre ammirato, torni di nuovo alla sua chiarezza, gran mercè per avventura di queste mie fatiche, e grande onore, di cui certamente mi tengo indegno, non perchè io sommamente non desideri la Patria mia illustrare, ma perche per le deboli forze mie non posso alzarmi a grado tanto, che allo splendore suo convenga, e'l desiderio, e gli obblighi miei possa giustamente sodisfare.

DI-

AVVISO A' LETTORI.

QUanta fatica siasi durata per compilare la presente Istoria, da coloro solamente potrebbe giudicarsi, che alcuna volta ad una sì fatta malagevole impresa si posero, laddove la moltiplicità de' monumenti inseritivi, necessarj in comprova della narrazione de' fatti, da sè soli non fossero bastevoli a farla a chi che sia chiaramente palese: tuttoche ne siano stati moltissimi a bella posta tralasciati, non già come inutili, ma acciocche il libro non riuscisse di gran mole, e perche da chi voglia ne avesse potrebbonsi con tutta agevolezza nello Archivio di Napoli, e negli altri per entro il Sommario citati comodamente osservare. Laonde per la varietà di tante cose ben distinte, e con quella sincerità narrate, se non vado di gran lunga ingannato, che ad un vero Istorico si conviene, porto fermissima opinione, che in leggendola utile dobbiate ricavarne, e diletto. L'utile sarà per avventura quello, che comunemente si trae dalla lettura di qualunque Istoria, se in questa non si voglia dirlo maggiore riguardando alle insigni azzioni di tanti, e così grandi Personaggi, de' quali brevemente si ragiona, che servir possono per chiaro, e perpetuo esempio di ben vivere. E 'l diletto, che non sarà certamente inferiore, se la forse troppo con-

*

fiden-

fidenza in me ſteſſo non mi fa travedere, **non altronde ſperarei che poſſa averſi, ſe non che e dall'** ordinato racconto, e dal vedere, nello ſteſſo tempo che ſi legge, nelle poſtille marginali compiutamente formati i due rami dell' Albero della nobiliſſima Famiglia Acquaviva, cioè quelle che la ſucceſſione della linea primogenita della Caſa di Atri riguardano, diſtinte col carattere corſivo, e le altre de' ſecondogeniti della Caſa di Converſano col carattere tondo, ſicche non biſognò ſeparatamente formarlo, e per queſta ſola principaliſſima cagione fui forzato di brevemente avvertirvene. Tralaſcio di far parola alcuna dello ſtile, che piano, e facile ſenza affettata ricerca mi ſono ſtudiato di mantenere eguale quanto per me ſi è potuto il meglio, e dell' ortografia, che la comune ſi è ſeguitata con ſervirſi, e ſempre bene or di una, or dell' altra regola, o ſia uſo. Del rimanente da ciò, che nel noſtro Diſcorſo preliminare circa la giuſta idea della Nobiltà degli Antichi, e de' Moderni, ſi è ragionato, non argomentino i diſcreti Lettori, noi eſſere in tanta boria levati, che la nobiltà di tante sì illuſtri Famiglie Italiane con tale accorgimento voleſſimo biaſimare, ma ſol tanto la follia de' Genealogiſti moderni; i quali andando colla piena di molti ſentimenti degli Antichi hanno denigrata piutoſto, che illuſtrata colle favoloſe ricercate invenzioni la chiarezza di alcune famoſiſſime Famiglie.

I M-

APPROVAZIONE

Dell' Illuſtriſſimo, e Reverendiſſimo Monſignore

GIOVANNI BOTTARI

Cappellano Segreto di Noſtro Signore Papa
CLEMENTE XII.

AVendo letto con tutta l'attenzione, e diligenza, e inſieme con diletto, e piacere per comando del Rmo P. Maeſtro del Sagro Palazzo l'Opera intitolata: *Iſtoria della Famiglia Acquaviva Reale d'Aragona ſcritta da Baldaſarre Storace Avvocato Romano &c.* non vi ho trovato coſa veruna, che in minima parte ſia diſcordante da'dogmi ſantiſſimi della vera Religione Cattolica Romana, o che repugni alle regole più eſatte de' buoni coſtumi; anzi ho avuto campo di ammirare la fatica non piccola dell' eruditiſſimo Scrittore, che ha rintracciate tante notizie iſtòriche, deſcritte con uno ſtile, che ben dimoſtra, quale, e quanto ſtudio, e profitto abbia fatto nel terſo idioma Toſcano, e raccolte, e coſì ben diſtinte in queſto libro per tramandarle a' ſecoli futuri a gloria d'una Famiglia cotanto celebre, e cotanto illuſtre, non ſolo per la ſua Reale, ed antichiſſima, e generoſiſſima nobiltà, per cui può andare del pari colle più illuſtri di tutta l'Europa, quanto per la gran copia degli uomini grandi ſì nelle lettere, e ſì nell' armi, che da queſta famoſiſſima Stirpe diſceſero, tra' quali ſi dee con iſtima, e colla debita lode celebrare il vivente Emo, e Rmo Principe il Signor Cardinale Trojano Acquaviva Miniſtro degniſſimo del Re Cattolico nella Corte di Roma, nelle cui magnanime azioni ben ſi ravviſa la generoſità de' ſuoi natali, e del ſuo grande animo, e tutti gli altri pregj molto diſtintamente poſti in chiaro dall' eruditiſſimo Scrittore. In fede di che &c. Queſto dì 4. Febbraro 1738.

Gio. Bottari.

A P-

APPROVAZIONE

Dell' Illustrissimo, e Reverendissimo Monsignore

MICHEL' ANGELO GIACOMELLI

Cappellano Segreto di Nostro Signore Papa
CLEMENTE XII.

DI commissione del Rmo P. Maestro del Sagro Palazzo ho letto il libro intitolato: *Istoria della Famiglia Acquaviva Reale d'Aragona scritta da Baldassarre Storace Avvocato Romano &c.* dove non ho trovato alcuna cosa, che sia contraria alla nostra Santa Fede Cattolica Romana, o che possa offendere i buoni costumi; anzi ho osservato lo studio, e l'industria del ben parlare impiegata dall' eruditissimo Autore nello scrivere l'Istoria di quella Reale Nobilissima Famiglia, e la diligenza e fatica nel raccogliere tante notizie, per le quali si dimostra la somma antichità di sì illustre Prosapia, e il chiarissimo splendore della medesima per tanti grandi uomini, altri segnalati per gli ornamenti dell' animo, e dell' ingegno, ed altri celebri per la gloria dell' armi; tra' quali tenendo un luogo sì distinto il vivente Emo, e Rmo Signor Cardinale Acquaviva degnissimo Ministro del Re Cattolico appresso la Santa Sede, che colla nobiltà, e grandezza del animo suo uguaglia l'altezza della sua generosa nascita, ha perciò l'Autore con molta ragione descritti in maniera più particolare i pregj di sì gran Personaggio. Questo di 10. Febbraro 1738.

Michel' Angelo Giacomelli,

IMPRIMATUR,

Fr. Jo: Benedictus Zuanelli Ordinis Prædicatorum S. Palatii Apostolici Magister.

DI-

DISCORSO PRODROMO
ALLA STORIA
DELLA FAMIGLIA ACQUAVIVA
REALE D'ARAGONA

In cui si dà una idea generale della Nobiltà, de' Nomi delle famiglie, e dell'Insegne degli Antichi, e de' Moderni.

E la stima, e la benevolenza si dovrà mai a ciascuno, che per lo pubblico bene siasi fortemente impiegato, egli certamente si deve a' valent' uomini de' tempi nostri, i quali nè ad applicazione, nè a sudori, nè a disagi riguardando, la strada, che a drittamente pensare, e ragionare, a noi agevolare, e spianare si procacciarono; e la gioventù nostra quasi teneri fanciulli per mano prendendo fuori de' torti, e spinosi sentieri al desiato termine ne guidarono. Dalle loro serie investigazioni delle più culte, e nobili discipline

fia-

fiamo ftati ammaeftrati in guifa tale, che non vi è ormai nella repubblica delle lettere cofa così nafcofa,
che non fiafi tentata, nè utile, e profittevole, che non
fiafi ricercata, ficome le inutili, fuperflue, e falfe cofe
fono ftate ributtate, e recife. Ciò avvifando il famofiffimo Pietro Lefena nel fuo infigne trattato fotto il
nome de' Salepusj, e l'erudito Guido Pancirolo in
quello delle cofe memorabili degli antichi, e de' moderni, a' fanciulli fteffi dimoftra effere ftato facile nella
ftagion noftra di gran lunga fopraftare a gli antichi nella profeffione delle belle arti, delle Matematiche, della
milizia, della nautica, e nelle mecaniche. E perciò
abbiamo avuto, e godiamo tuttavia di avere uomini tali
così efercitati, e fvegliati, a' quali è toccata buona
parte di quell' aura divina, che ne' fingolari ingegni fi
ammira. Le vane fottigliezze degli antichi, e le loro
fcipide offervazioni fono ftate in maniera tale rigettate
dall' efperienze dell' età noftra, che ormai i giovani fi
recano a fcorno fol tanto riguardarle. Dall'Africa un
tempo fonte di tutte le novità degli antichi oggigiorno
nulla recafi di nuovo, le Colonne d'Ercole, le terre
incognite, e l'ultima Tule cotanto decantata da' Poeti
fi fono rendute così facili a' noftri efperimenti, che
egli fembra cofa indegna l'averfi contro gli antichi a
rifentire, anzi i noftri viaggiatori tolgono di ftarfi, che
con difpetto d'animo metterfi a pruova della lor fof-
ferenza.

Godiamo altresì de' grand' uomini de' noftri tempi, i quali i fatti di tutte l'età, di tutti i regni, delle
provincie, delle città, e delle perfone illuftri accura-
tamente han difpofto, così diligentemente defcrivano,
così minutamente ricerchino, che con fingolar piacere

richia-

richiamando i più antichi monumenti, e fcritture al fevero efame del tribunal della critica, qual'ora mafcherati, e fantaftici fiano ftati giudicati, hanno alla fine i loro fatti, e le memorie alla fplendida luce della verità ridotto.

Gran felicità in vero de'noftri tempi, ma tra il piacere, che da sì grandi acquifti fatti nelle fcienze fi raccoglie, conviene dolerci fol tanto di coloro, che delle famiglie intendendo di fcrivere, in rinvenire l'antichità de'loro maggiori fanno naufea al purgato gufto di quelli, che a' più delicati cibi fono affuefatti. In modo che fiamo coftretti in quefto genere abominare non folo il volgo ignaro, e indotto, ma tal'ora ancora la memoria di molti iftorici, e genealogifti, che in quefti noftri tempi tanto illuminati ardifcono rapprefentarci cofe non folo infuffiftenti, ma lontane altresì dal verifimile. Avviene a quefti tali ciò, che degli anatomici dice il dotto Filofofo Niccolò Stenone, che applicandofi eglino allo ftudio anatomico, così avidamente fi sforzano acquiftare la gloria dell'efperienza, che non curando la vergogna, che deriva dalle loro fcipitezze, e falfe dimoftrazioni, fono unicamente folleciti, e fodisfatti nel moftrarci di averle in tal guifa da altri apprefe. La fteffa follia dogliamci di veder avanzata ne' genealogifti moderni, de' quali come che tutti facciam beffe egualmente, non perciò tutti egualmente la folle lor tracotanza s'acconciano a foftenere. Onde egli fembra ormai neceffario doverfi con fevera difciplina promuovere lo ftudio delle famiglie per beneficio della repubblica delle lettere in maniera tale, che ridottofi quello alla verità degli antichi monumenti, e Scrittori rigettar fi debbano le puerili inezie di cotali affentatori.

C Do-

4

Dovendo io dunque trattare d'una famiglia delle più nobili d'Italia, mi è sembrato molto dicevole mandar prima alcune cose innanzi spettanti a questa materia, e discorrere alcuna cosa della vera nobiltà, de' nomi delle famiglie, e delle armi, acciò quindi si conosca di qual carato sia questa, di cui parliamo. E per ciò fare migliore scorta, che dritto mi mostrasse il camino, non ho potuto avere del celebratissimo Scipione Ammirato, di cui come che versato per lo spazio di quaranta e più anni nello studio delle famiglie, mi è stato uopo seguitare non solo il parere, ma rapportare fedelmente gl'istessi suoi termini, e sentimenti.

Pertanto è da sapersi, che un'ordine di discendenza, la quale traendo da una persona principio, e ne' figliuoli, e da' figliuoli a' nipoti, e da questi a' pronipoti ampliandosi costituisce una famiglia, o per dire più chiaramente un parentado, il quale dalla chiarezza delle cose fatte, e dall'antichità de' maggiori nobile vien riputato. Onde i latini istessi usarono questa voce nobile avendo riguardo alla sua primiera origine così per quello, che noi diciamo nobile per conto delle famiglie, come per cosa molto conosciuta, e celebrata. Due però sono le cose principali, se mal non mi avviso, le quali costituiscono una nobiltà perfetta, antichità, e splendore. E quantunque presso gli antichi antico si prende tal'ora per nobile, ed antichità sia in ogni modo l'istessa nobiltà, nondimeno propriamente parlando è una parte di essa nobiltà, e non intera, e così distinta si vede presso i buoni Scrittori. Suetonio Tranquillo parlando di Augusto dice, che egli scrisse di se medesimo esser nato non più che di famiglia equestre antica, e ricca; ove si vede, che antica non s'intende per

In quali cose consiste la vera, e perfetta nobiltà.

Si osservà la maniera, con cui han distinto i Romani antichi la perfetta nobiltà.

per un gran fatto nobile, ma sol tanto equestre. E così di Ottone Imperadore, il quale benchè non molto nobile, essendo stato il suo bisavolo dell'ordine de' Cavalieri, chiama nondimeno la sua famiglia antica, ed onorata. E Cornelio Tacito di Lucio Cassio eletto progenero di Tiberio, dice, che fu di famiglia plebea, ma antica, ed onorata. Dall' autorità di questi, ed altri saviissimi Scrittori a giusto peso vien ripreso il Tiraquello nel suo trattato della Nobiltà, per aver con troppa franchezza interpretato l'antico per nobile, potendosi tra molti allegare Eutropio, che di Trajano Imperadore scrivendo dice, che traea origine da famiglia antica, anzi che chiara, ma che Marcantonio Pio fu di chiaro legnaggio, ma non molto antico. E ciò veggiamo tutto dì avvenire in molte famiglie, le quali hanno antichità, e non splendore, e molte avere splendore, e non antichità.

Errore del Tiraquelo in ordine all'antico, e nobile.

Antico dunque non è altro, che il potere mostrare molti gradi, e successioni, e età, come si è divisato, di maggiori nobili, il che è una parte di essa nobiltà. Splendore poi s'intende per onori, titoli, grandezze, e dignità avute. Questi onori, e dignità presso gli antichi Romani si raccoglievano dal numero de' Consolati, delle Preture, e Dittature occupate. Onde Suetonio della famiglia Claudia scrive aver goduto ventotto Consolati, cinque Dittature, sette Censure, sei trionfi, e due ovazioni; e della Domizia, poichè ella si divise in due rami, che il ramo degli Enobarbi il più illustre esercitò sette Consolati, due trionfi, e due Censure.

Che cosa sia l'antichità d'una famiglia.

Che cosa sia splendore d'una famiglia, e d'onde questo si raccoglieva presso i Romani antichi.

Oggi chiarezza, e splendore chiamiamo Baronaggi, titoli, e dignità secondo i nostri costumi. E sebbene il Re Carlo I. d'Angiò fosse stato del sentimento di coloro,

In che cosa consiste lo splendore delle famiglie de' tempi nostri.

loro, i quali vogliono, che le dignità ecclefiaftiche non rechino fplendore alle famiglie, e perciò non volle affentire al parentado richieftoli da Papa Niccolò III. dicendo, perchè egli abbia il calzamento roffo fuo legnaggio non è degno di mifchiarlo col noftro, poichè fua fignoria non è retaggio, non è però, che i congiunti, ed i parenti d'una tal famiglia non poffano per chiarezza del loro legnaggio addurre il numero de' Vefcovi, de' Cardinali, e de' Sommi Pontefici. Qual' ora dunque una famiglia averà antichità, e fplendore infieme, quella fenza dubbio potrà dirfi intieramente nobile; e quanto più antica, e quanto più colma di dignità, onori, e grandezze fopra le altre farà una tal famiglia, tanto più nobile, e chiara dovrà reputarfi.

Nè perciò fi può negare molte altre cofe concorrere, che aggiungano fplendore, e chiarezza alle famiglie, come fono le lettere, il valor militare, la fede, la liberalità, la giuftizia, e la fantità. Nè di leggier momento fono la bellezza, la robuftezza, e vigor corporale, ed altre sì fatte doti dell'animo, e del corpo, onde gli uomini fi acquiftano fama, e riputazione preffo degli altri. Quando veggiamo non folo le Città, e le Provincie intere, ed i Regni, ma un' età, ed alle volte più fecoli efferfi gloriati di aver prodotto un uomo di così eccellente virtù, ed annoverarfi uomini sì fatti tra la moltitudine de' fecoli con indiftinto amore, e venerazione de' popoli, e della patria, per ornamento del mondo, per maraviglia della natura, e per gloria del fommo Iddio.

Fermate quefte cofe non farà inutile il moftrare, quali erano le origini degli antichi, ed i termini della loro antichità, e fplendore, e quali fiano quelli de' noftri
ftri

Le Dignità Ecclefiaftiche recano fplendore alle famiglie.

Le doti, e le prerogative dell'animo, e del corpo portano fplendore alle famiglie.

Quali fiano ftate j'origini, ed i termini dell'antichità, e fplendore degli antichi Romani, e de' Greci, e quali fiano quelle de' noftri tempi.

ſtri tempi, onde apparifca la diverſità della nobiltà tra
gli antichi, e tra di noi.

Se voleſſimo parlare de' Greci, ſi darebbe ben preſto nel favoloſo, attribuendo ſcioccamente la loro origine agli Dei, overo a principj tali, che vagliono da
ſè ſteſſi a confutarſi, ſicome ſognavano i popoli dell'
Arcadia di aver' abìtata la terra innanzi la Luna vi
compariſſe. Oſſervaremo adunque quelle de' Romani,
i quali ancor eſſi, quando crebbero in tanto faſto, e
grandezza, così fatte ambolloſe origini non diſprez-
zarono; furon nondimeno più temperati de' Greci.
Vedeſi, che eglino ebbero gran umore per quella lor
Troja, a cui avendo dato molto maggior peſo la trom-
ba di Virgilio a forza di figurarſi un origine più d'ogn'
altra eccellente ſi laſciarono luſingare da mille vane
credenze. Giulio Ceſarc ſi perſuaſe di ſcendere dal
figliuol d'Enea. Marcantonio ſpacciava la ſua deſcen-
denza da Antone figliuol di Ercole. Onde è addivenuto, che le ſteſſe falſità, che gli antichi Iſtorici preoc-
cupati da un amore ecceſſivo per la lor patria, hanno
ſparſo intorno le origini de' popoli, tutto dì ſi commet-
tono da' Genealogiſti moderni in riguardo delle famiglie; in guiſa tale, che tal' uno ſevero cenſore delle
loro ſcipidezze rappreſenti al vivo queſti Genealogiſti
citati da Apollo a comparire in Parnaſo per eſaminare
le loro cronologie, la ſerie delle filiazioni, i loro al-
beri genealogici, e tutta la loro arte ingegnoſa, più
ſcipita di paſtinaca, o bietola, con cui fanno deſcen-
dere tal'ora un capitan de' birri da un ceppo Reale,
una perſona ſconoſciuta dalla caſa di Fabio Maſſimo,
overo di Tullo Oſtilio.

Nondimeno chi drittamente oſſerverà le coſe de'

Ro-

*Favoloſe inven-
zioni de' Storici,
e de' Genealogiſti
moderni in ordine
alle famiglie.*

Presso gli steffi Romani antichi non era sì grande il numero delle famiglie, che aveffero la prerogativa della perfetta nobiltà, onde a' tempi degl' Imperadori furono eletti de' nuovi Patrizj in luogo di quelli, che già eran mancati.

Romani stimerà quelle sì fatte origini per poetiche, e favolose, ed a pochiffimo numero reftringerà quelle famiglie, che meritarono in quei tempi la ftima, e la venerazione della repubblica. Si legge in Tacito, che Claudio Imperadore fu coftretto da più vecchi Senatori andar elegendo i nuovi Patrizj per effere reftate poche di quelle famiglie, che Romolo delle Maggiori, e Lucio Bruto delle Minori genti appellarono. Anzi Plutarco allega un certo Clodio, il quale in un libro, che egli fcriffe chiamato l'Indice de' tempi, dimoftrava, come effendo le antiche cronache Romane fmarrite nella venuta de' Galli in Roma, molti fi ufurparono i nomi di quelle antiche famiglie, a cui in niun conto appartenevano. E fi offerva preffo de' Scrittori Romani, che a Bruto ucciditore di Cefare una fimil cofa fu rinfacciata, non effendo verifimile, che egli nafceffe dall'antico Bruto, di cui i due figliuoli, che egli aveva, erano ftati ucciffi, nè di altri fuoi figliuoli nelle pubbliche iftorie ritrovavafi fatta menzione. Nella medefima opinione furono gli fteffi Scrittori favj di quei tempi, che, per chi non voleva adulare, veniva communemente approvata. Così nella famiglia Claudia moftra Suetonio, di cui come che alcuni voleffero effere ella venuta di Regillo Città de' Sabini nel principio dell' edificazione di Roma, effendo il fondatore di quella Tito Tazio conforte di Romolo, fa vedere nondimeno, che da' più fenfati uomini fi ftimava il primo effer ftato Appio Claudio fei anni dopo la cacciata de i Re. Ed in tal congiuntura facendo menzione

D'onde venute in Roma molte delle più cofpicue famiglie, che fi ftabilirono in tempo della Repubblica.

delle Trojane favole conchiude, i Giulj da Alba, i Coruncani da Camerio, i Porzj da Tufculo, i Baldi da Spagna, ed altri da Tofcana, da Bafilicata, e dalla Gallia

lia

lia di Narbona effer ftati ricevuti nel Senato . Da che fi vede il nerbo della Romana antica nobiltà effer di mano in mano crefciuto in Roma di tempi non molto antichi , afcrivendo tra gli antichi i Porzj , di cui Catone il maggiore , il quale diè principio alla nobiltà di fua famiglia , fu Confole l'anno 559. dell' edificazione di Roma ; ed in tal guifa per neceffaria confeguenza fi deduce , che le più antiche famiglie cominciando lor nobiltà dopo l'efpulfione de i Re vengono a coftituire la nobiltà di non più , che di quattrocento fettantotto anni , dal principio della Repubblica fino all' Imperio di Augufto .

Si dimoftra l'antichità delle più rinomate famiglie in tempo della Repubblica .

Ora venendo all'origine , ed antichità della prefente noftra nobiltà , ficome egli è impoffibile il poterfi provare la difcendenza di molti de' noftri più diftinti Signori dagli Romani , così ancora non è fuor di ragione , che molti de' noftri venghino da quelli ; nondimeno per le tenebre grandi , e profonde , che fono tra' noftri tempi , e de' Romani per l'occupazione fatta d'Italia da' Barbari , averebbe molto più del favolofo ricorrere a' Romani antichi , che a' Romani non fu il ricorrere a' Trojani . Sì perchè maggiore è lo fpazio del tempo , che corre tra noi , e l'Impero d'Augufto , effendo il noftro di anni 1700. , e quello de' Romani antichi di 1155. , e sì perchè dove i Romani non patirono altro , che un breve affalto de' Francefi in tutto il lor tempo , molti , e maggiori , e piú durabili fono ftati quelli , che ha fofferto la povera Italia dal tempo di Augufto fino al prefente .

Origine , ed antichità della noftra prefente nobiltà .

Comparazione dell' antichità , e termini della nobiltà degli antichi Romani , e de' noftri tempi .

Da quefti principj così chiari , ed evidenti fi è moffa la maggiore , e più fana parte de' letterati a credere , che pochiffime famiglie de' noftri tempi oltrapaffipaſſino il ſeicenteſimo anno della loro certa nobile diſcendenza. Ferdinando Ughellio, e'l Padre Mabillone due ſplendidiſſimi lumí del ſecolo paſſato dopo avere con infiniti diſagi, e diſpendj rivoltato gli archivj di quaſi tutta Europa per rinvenire le origini delle famiglie Italiane, ci laſciarono alla fine ſcritto, e concludentemente provato nelle loro eruditiſſime opere, che prima del milleſimo non ſi trovino nomi certi delle famiglie in Italia, e per avventura anche fuori.

Fu opinione di Varrone, che gli antichi Romani non aveſſero cognomi, non veggendo, che Romulo, e Remo, e Fauſtulo altri nomi s'aveſſero. Altri ſi ſono

Origine de' nomi delle famiglie preſſo de' Romani.

ſtudiati provare il contrario, che eſſi l'aveſſero, perchè la lor madre Rea Silvia, e l'avolo Silvio Numitore, ed Amulio Silvio, ed in tal guiſa poi, e Muzio Suffezio, e Tutore Claudio, e coſì altri molti con due nomi furono chiamati. Ma che in proceſſo di tempo i Romani aveſſero non uno ſolo, ma ſino a quattro nomi, è coſa per ſè molto manifeſta, come fra gli altri fu nomato Q. Fabio Maſſimo Ovicola. Alcuni poi han creduto, che i Cavalieri Romani non più che due nomi, ed i Senatori tre ne aveſſero. Il vero però ſi è, che come i

Quanti nomi ſi aveſſero gli antichi Romani.

pronomi de' Romani non erano molti, quindi avveniva, che ove le famiglie creſcevano in numero, ſpeſſo ſi dava ne' medeſimi nomi, onde per diſtinguerſi gli uni dagli altri nacque l'uſo de' cognomi. Ora i Cavalieri, ed i plebei eſſendo gente nuova conveniva ancora per lo più, che aveſſero meno uomini, e perciò meno faceſſe loro di biſogno de' cognomi. Onde qual'ora ſi vede nelle ſtorie, che i Senatori due, ed i Cavalieri tre ne abbiano, ciò proveniva, che negli ultimi naſceva dal molto numero degli uomini, e ne' primi dal poco di quella famiglia.   Ora

Ora al fatto noſtro ritornando egli è certo, che
avendo tante barbare nazioni, e Vandali, ed Alani,
e Goti, e Longobardi paſſato i monti più aſpri di Europa, e l'Italia occupato, ne furono di eſſa lungo tempo
poſſeditori. Preſi adunque i coſtumi, e le leggi quando
da queſti, e quando da quegli altri, e più da quelle nazioni, che poſſeduta l'avevano più lungamente, la noſtra
bella e miſera Italia cangiò inſieme con la reale maeſtà
dell'aſpetto eziandiò la gravità de' ſuoi cognomi; ſicome le arti, gli ſtudj, e le altre coſe belle in quella sì fiera
e lunga inondazione ſi ſmarrirono. Quindi cominciò
ad operare con ſervile voce, e maniera, la quale di ſtagione in ſtagione a' nipoti di quei primi paſsando, chi
per timore de' nemici domeſtici, chi de' foraſtieri cam-
biando co' nomi l'aſpetto, e le ricchezze, la poſsanza,
e lo ſplendore de' natali occultando, in tal guiſa dal loro
furore ſi ſottraevano. Finchè data la pace a' noſtri popoli collo ſtabilimento più fermo dell'Imperio in Occi-
dente, quanto più vaga, e gentile, che nel primiero
ſuo ſtato non fu, ſi vide l'Italia, tanto più lietamente
dal duro ſervagio liberandoſi, potè alla fine i ſuoi figli
co' proprj nomi diſtinguere.

Queſto ha indotto a credere i valent' uomini della
repubblica delle lettere, di non vederſi prima del milleſimo ne' tempi fatali alla ſventurata Italia i cognomi
delle famiglie. E perchè quando ſi cominciarono a vedere, o dalla ſignoria de' Caſtelli, o Stato, o Regno
poſſeduto, overo dal nome del Padre ſi derivarono.
Oltre queſti, ed altri capi, ſotto de' quali ſi potrebbe-
ro sì fatti nomi reſtringere, moltiſſimi nomi delle famiglie nacquero da' ſopranomi, ſicome avvenne ancora a' Romani, e ce l'atteſta Valerio Maſſimo: e di

D   ciò

Perdita de' nomi
delle famiglie fat-
ta in Ita ia, e per
qual cagione.

Prima del decimo
Secolo non ſi ri-
trovano nomi del-
le famiglie in Ita-
lia.

D'onde ſi preſero
i nomi delle fami-
glie in Italia.

ciò chiaro esempio ne fu la rinomata cafa Sforza, il capo & autore della di cui grandezza chiamato Muzio Attendolo fu per la fua ferocità, e valore dal Conte Alberico da Barbiano cognominato Sforza, il quale fopranome gloriofiffimo a quella cafa reftò per cognome, avendo vinto, e mefo a terra il vero, ed antico cognome. Si prendeva talvolta il fopranome da qualche infigne imprefa fatta per la repubblica, come fu Scipione Africano. E tal'ora ancora dal coftume particolare di una perfona. Parla Tacito di un Tribuno delle milizie Romane, a cui fu pofto per fopranome Vengalaltra, perciochè rotta che avea la verga ful dorfo di un foldato, con rabiofa ira gridava, che gli fofse fubito portata l'altra.

Mutarono ben anche gli antichi i nomi delle famiglie per conto dell'adozione, e ciò per diverfe cagioni. Perciochè nella fteffa gran famiglia de' Claudj P. Clodio per occupare il tribunato della plebe, a fine che poteffe cacciar Cicerone di Roma, fi fece adottare da un plebejo, e lafciò il cafato de' Claudj. Ma il più delle volte avveniva, come anche a' dì noftri fi vede, per mancanza de' figliuoli, a che fi fuppliva per l'adozione.

Delle armi, ed imprefe delle famiglie preffo gli antichi Romani.

Tutto ciò che fi è detto dell'antichità delle famiglie, e de' loro cognomi, fi può anche afferire delle armi, e delle imprefe, le quali fecondo le noftre ufanze non fono forfe più antiche de' cognomi. Egli è vero, che i Romani prefero la parola infignia per tutti quei ornamenti, che facevano differenti gli ordini, e l'età, ed i magiftrati; perciochè quefto fu proprio, e particolare de' Romani di diftinguere gli ordini della Repubblica con fegni, talchè il libero dal fervo, il Senatore

tore dal Cavaliere , ed il Magiſtrato dal privato Cittadino ſi riconoſceſſero . Quindi vengono le inſegne Queſtorie, le Pretorie, la Bolla d'Oro portata da giovanetti nobili , ed il Loro da' figliuoli de' libertini , ed altre infinite diſtinzioni , delle quali ſono pieni gli Autori delle ſtorie Romane . Ebbero ancora particolari inſegne le Città , ed i popoli, onde Roma fece la Lupa lattante Romulo , e Remo, Taranto il Delfino, ove è a cavalcioni Tarante figliuol di Nettuno , e tra le altre la bella Partenope i colori del Sole, e della Luna per ſua inſegna , che dal gran Coſtantino nella ſeconda ſua venuta in Napoli le fu confermata .

Da Caligula Imperadore furono tolte le inſegne delle famiglie a' Romani .

Quindi Suetonio tra le altre infinite malvagità di Caligula aſcrive anche quella di eſſere egli ſtato in tal guiſa invidioſo alla grandezza Romana, che a ciaſcheduno de' Romani più nobili tolſe le antiche inſegne delle loro famiglie, a' Torquati la Collana o Torque, a' Cincinnati il Crine over Capellatura, ed a Gneo Pompeo il cognome di Magno . Le inſegne vere , ſtabili, e perpetue de' Romani altro non erano, che i volti , e le immagini de' loro maggiori ſcolpite in cera, over dipinte, di cui per ſingolar ornamento fregiavano gli uſci , ed i portici de' loro palazzi ; ne' mortorj ſi portavano queſte immagini per pompa ; e per legge antica della Repubblica non era lecito a' compratori de' poderi poterle rimovere , e levar via .

Quali erano le inſegne , e le armi de' Romani , ed ove ſi collocavano .

Ma queſta sì bella uſanza a' tempi di Plinio ſi andò di mano in mano dimettendo, poichè egli l'opera ſua indrizzando a Tito, eſſendo vivo l'Imperador Veſpaſiano ſuo padre fa menzione degli ſcudi, de' quali ci ſerviamo ancor noi. E Plutarco aſcrive una tal diſſuetudine all' infingardaggine de' popoli, da cui cominciarono

Quando cominciarono a porſi in diſuſo le armi , ed inſegne degli antichi Romani .

rono

rono molte belle arti , e tra le altre la pittura, e la fcul-
tura infenfibilmente a mancare .

Ora io ftimo coll'Ammirato, che crefcendo, ficome dice Plinio, l'infingardaggine de' popoli Italiani ,
maffimamente quando perdendo la pittura , e la fcol-
tura il fuo pregio , non era chi fapeffe più ritrarre una
figura dal naturale ; nè importando più di conofcere
qual'era il vifo di colui , di cui non fi vedeva il ritratto
dell'animo , che fi rifuggiffe a cofa più leggiera , quali
fono le sbarre variate folo con facili , e generali colori.
Onde io m'induco a credere quello , che eziandio da
molti letterati veggo efer tenuto , che quanto l'arme
fono più femplici , più fieno antiche , procedere da
quefta ragione , che non avendo altri nè tempo , nè
induftria tale a chi era full' andare nella guerra di fcol-
pirle , o di dipingerle in ful fuo fcudo altra cofa , che
alcune fpedite lifte o per lo lungo , o per lo traverfo , o
in altro modo tirate con due foli colori, le quali reftan-
do poi col tempo a' fuoi figliuoli , e difcendenti, foffero
diventate una infegna di quel parentado .

In luogo adunque di quefte infegne dell'antichità
poc' anzi divifate crede il dottiffimo Budeo effer venute le prefenti armi ; le quali benchè traggono loro origine fin dal tempo dell'Imperio Romano , inondata
tuttavia la bella Italia da diverfe barbare nazioni co'
cognomi delle famiglie naufragarono ancora le loro infegne . Onde il famofo P. Meneftrier Giefuita fi sforza
a tutta poffa provare , che elle abbiano cominciato ne'
tornei , efercizj e divertimenti di guerra , e di galante-
ria fatti dagli antichi Cavalieri per far pruova di lor
deftrezza , e valore . E quantunque il Munftero nella
fua Cofmografia dica , che Arrigo Imperadore fopra-

no-

Ufo delle noftre prefenti armi , ed infegne .

Quando quefte armi cominciaffero , ed in qual maniera .

nomato l'Ucellatore avesse introdotto nella Germania i tornei, ed altri sostengano che Gottifredo II. Conte di Angiò verso l'anno 1066. ne fosse stato il ritrovatore, bisogna tuttavia confessare, che altrimente vada la bisogna, e che l'uso de' tornei sia più antico, perchè qualunque mezzanamente intendente l'ordine de' tempi vedrà subito, che il Pontefice Eugenio II. nell'anno 827. scomunicò, e privò di sepoltura Ecclesiastica coloro, che si presentavano ne' tornei. Che che sia della prima origine dell'armi, che per memoria de' loro maggiori, e come marche onorevoli delle famiglie sono state introdotte, e che tal'uni danno la gloria a' Tedeschi di averle primi poste in usanza, e che primi ancora i Francesi secondo la delicatezza del loro genio ne abbiano formate le leggi araldiche chiamate comunemente il Blasone, egli è certo pel nostro proposito, che in tutti i tempi siano state reputate un gran fregio dell'antichità, e nobiltà delle famiglie.

Ma ormai alcun dirà, che questa sì lunga digressione sia stato un uscire dalla proposta materia, nondimeno io hò pensato, che sì come a chi và in camino, benche il suo fine non altro sia, che di fornire il suo viaggio, e di pervenire al luogo destinato, porge tal'ora non poco diletto il fermarsi a vedere, o montagna, o fiume, o palaggi, o culture, o altre sì fatte cose, nelle quali per strada c'incontriamo; così non farà per esser nojoso, se da questa piacevole, onesta, e necessaria digressione si e lasciata torcere alquanto la strada, purchè si vegga il motivo di aver ciò fatto, e senza far più lunga dimora al desiato fine si pervenga. Poiche io ho giudicato per la intera e compita cognizione della chiarezza di una famiglia non esser punto di minor momen-

to

Si assegna la ragione, per cui si è lungamente discorso dell'origine, e termini della perfetta nobiltà degli antichi, e de' moderni.

to rappresentar la vera descendenza d'una tal famiglia, di quel che sia la giusta, e vera idea della nobiltà. Non altrimente che molto maggior diletto caverà un prode Capitano dalla guerra stata tra i Romani, e Cartaginesi qual' ora sappia il sito di quelle terre, e di que' mari, ne' quali quelle furono fatte, che non sarebbe chi non le vide giammai. Onde Cesare avendo a scrivere delle guerre Franzesi, si pose prima a descrivere la Francia, essendo ella quasi un sogetto di quella, sopra a che egli aveva a raggionare. Così parimente egli mi è sembrato esser sempre un fanciullo, e star sempre nelle fasce, e di non vedere se non le cose, che gli si parano d'avanti agli occhi coloro, i quali la nobiltà delle famiglie investigando, alcuni certi termini non stabiliscono, onde quella più chiara, e più specchiata possa dimostrarsi. Ha di più dato baldanza questa trascuraggine a molti forastieri di dire, che non sia quasi in tutta Italia nobiltà alcuna di momento, poiche eglino figurandosi di mostrar per lungo numero di anni le antichissime discendenze, han preteso, che noi con gran fatica possiamo il più delle volte arrivare alla decima, e duodecima età. Il che in gran parte si è veduto dalle premesse notitie generali esser falso, ed in gran parte ancora con questa Istoria della Casa Acquaviva si farà trovato rimedio per l'avvenire, che ciò non si dica. Poiche da tutto ciò, che fin' ora si è divisato, e da quello ancora, che nel decorso di questa Istoria si dovrà osservare, e si vedrà il luogo, che sopra ogni altra famiglia d'Italia egli è uopo alla Casa Acquaviva assegnare, e si formerà la vera, e giusta idea della nostra Italiana nobiltà, e finalmente si farà chiara la maniera, con cui l'antica, e perfetta nobiltà si debba dimostrare.

ISTO-

ISTORIA
DELLA
FAMIGLIA ACQUAVIVA
REALE D'ARAGONA.

Asciando adunque il più lungamente proemizzare alla proposta Istoria vegnamo a dar principio. E per trattarla colla maggior chiarezza, e più ignuda semplicità al sogetto conveniente, egli è uopo prima d'ogn' altra cosa esaminare gli Autori che della Famiglia Acquaviva hanno scritto. E trà essi il primo ci si presenta Francesco Elio Marchese, il qual volle, che gli Acquavivi siano una stessa casa co' Caraccioli Sguizzeri, e che di quattro fratelli venuti coll' Imperador Federico Barbarossa, uno detto Caracciolo abbia dato principio alla famiglia Caracciola, ed' un altro nominato Currado all' Acquaviva; tutto ciò, dic' egli, confermarsi per la somiglianza dell' armi, e pel nome di Currado dall' una, e dall' altra di queste due case anticamente assai spesso usato. Mà perché egli non adduce di ciò testimonio alcuno, ne i nomi proprj, ne l' insegne stringono molto, non mi son curato seguitare la sola sua asserzione; oltre che egli è oggimai presso tutti gli accurati investigatori delle famiglie certo e constante essere affatto vana l'opinione de' Caraccioli Sguizzeri, leggendosi secondo le va-

Si rapportano le varie opinioni di tutti i Scrittori, che han parlato dell' origine della famiglia Acquaviva.

Si rigetta l'opinione di Francesco Elio Marchese.

varie offervazioni dell' eruditiffimo Scipione Ammirato nell'antiche Scritture Pifquizj, e non Sguizzeri. Di non poco pregio e fplendore è l'altra opinione di Anfelmo di Brefcia, e Filippo Scala, che han creduto effer derivata quefta chiariffima gente dall' antichi invittiffimi Duchi d'Auftria, ò di Baviera fecondo Giovan Virgilio, e Gio: Caramanico. Nè volendo tal'uno, fra quali Biagio Altimari, e l'abbondantiffimo Giacomo Villelmo Imhof togliere quefto pregio a' Francefi, dalle Gallie fa venire l'origine degli Acquavivi. Mà quelche hà fatto ftomaco a Scipione Ammirato, Gioviano Pontano, e Francefco Zazzera e ftata la cieca, ed inconfiderata credenza di Filiberto Campanile, che correndo a fpron battuto dietro a molti Scrittori Italiani, e Tedefchi, fa egli venire quefta nobiliffima famiglia con Ottone I. Imperadore da Germania in Italia, e ciò per la falfa ragione, che effendo ftata la Germania il fonte di tutta la nobiltà, da quella come tanti rivoli derivate fiano in Italia le più illuftri famiglie. Di che fortemente và in collera l'Ammirato, el Pontano, come fe l'Italià, che hà fignoreggiato in tutto il refto di Europa, non abbia potuto dare da fe fteffa tanta nobiltà a' fuoi figli, quanta veggiamo rifplendere in Germania. Fra tante diverfe, e cotanto oppofte tra di loro fentenze, volentieri ed a ragion veduta mi fon' attenuto al fentimento dell' Ammirato, e del Pontano come i più accreditati Scrittori delle famiglie d'Italia, i quali havendo di fettecento anni la chiara origine degli Acquavivi, egli non conviene rifugire alle congetture; veggendofi che Rinaldo I. di quefto nome Acquaviva ha moglie Italiana, ed è nato in luogo preffo di Acquaviva; talche non v' è dubbio, che egli fia

Si dimoftra, quanto fia biafimevole la fentenza di Filiberto Campanile, e di molti altri Iftorici Italiani, e Tedefchi.

Più verifimile fi è giudicata l'opinione dell' Ammirato, e del Pontano intorno all' origine della Cafa Aquaviva.

fia Italiano , e non Sguizzero , ne Francefe , ò Tedefco.

Ma fe le conghietture ben fondate devono haver luogo , ben crederei io effere la famiglia Acquaviva derivata in Italia da' Principi della Real Stirpe de' Longobardi . Poichè non vi è chi non fappia , che finita la guerra de' Goti , e fpento il lor nome in Italia , Alboino Re de Longobardi invitato da Narfete di Pannonia pafsò in Italia , e con incredibile moltitudine , e con tutte le loro famiglie in Lombardia fi fermarono. E dopo la morte di Caleph Secondo Re crearono i Longobardi trentafei capitani di loro , i quali chiamarono Duchi , e non già trenta foli , come inconfideratamente fcriffe Tommafo Cofto dopo il Collenuccio , e Mambrino Rofeo . Quefti Duchi con un mirabile corfo di vittorie facendo la via da Rimini , e d'Urbino , occuparono l'Umbria , e quella parte del Piceno , che tocca l'Appennino , creandovi un Duca , che a Spoleti faceffe refidenza ; ed in tal guifa il paefe de' Marfi , de' Peligni , de' Sanniti , e tutta la Campagna fuggettando , infino a Tivoli eftefero il lor dominio . E lo fteffo facendo in Benevento la maggior parte de' Sanniti fino al fiume Pefcara , ed indi tutto quello che fi contiene fotto il nome de' Marrucini , e Marfi fignoreggiarono.

Quindi è ben conto a tutti quanto potenti fiano ftati , e formidabili in Italia anche dopo l'efpulfione de' Re Longobardi i Duchi Spoletini , ed i Principi di Benevento unico rampollo della Regia Stirpe de' Longobardi.

Dopo aver effi i primi introdotti i feudi in Italia , come è ben noto a tutti gli eruditi , eran foliti infeudare de' loro Stati i loro figli , e congionti più ftretti . Laonde

E

de

Cóghiettura dell' Autore della prefent. Iftoria intorno alla vera origine di quefta famiglia .

Da' Duchi Spoletini della Real gente de' Longobardi facilmente defcefi gli Acquavivi , perchè quelli confinanti colle Signorie , che quefti poffedevano nella Marca , e nell'Appennino .

Ragioni, sù le quali si fonda la conghiettura dell' Autore.

de il possesso de' Feudi, che avevano i Signori di Acquaviva ne' confini del dominio Spoletino, e l'antica usanza, che tuttavia eglino mantennero costantemente fino al decimoterzo secolo, come lo prova l'Ammirato con scritture autentiche di quei tempi, di vivere con le leggi de' Longobardi, è un argomento pur troppo chiaro, e manifesto della loro dipendenza da quelli, che non in altra guisa poteva accadere, che per la stretta congiunzione di sangue con esso loro. E per quel che abbiamo dalle istorie assai tronche di quei tempi, si sà molto bene, che i Duchi Spoletini, e Principi di Benevento tenevano non che i vicini, ma l'istessa Roma ancora in somma, e continua agitazione, onde non averebbero così di leggieri permesso un dominio sì vasto ad un Barone confinante, senza che un gran vincolo di parentela i loro animi non avese strettamente congiunti. E per ultimo tutto ciò ad evidenza si fa manifesto per quel che scrive l'imparegiabile Camillo Peregrino de' Principi Longobardi, avvisando egli coll'autorità di Paolo Diacono, che i Duchi Spoletini non solo ne' confini dello stato d'Atri signoreggiavano, ma nell'istesso stato ancora, erano soliti costituire i Gastaldi, detti dopoi coll'istessa autorità Duchi.

Quantunque abbia luogo l'accennata cóghiettura, si deve tuttavia riconoscere la famiglia Acquaviva per Italiana.

Comunque piaccia la nostra conghiettura, che per altro non è lontana dal verisimile, egli è ben dritto il dovere annoverare questa famiglia tra le più specchiate d'Italia, la quale possedendo nella Marca d'antichissimi tempi il feudo di Acquaviva, di là abbia tratto il suo gloriosissimo nome. Riconoscendola adunque per lo più distinto germe della nostra Italia, senza ricorrere a mendicate testimonianze di Scrittori, o di verisimilitudini, dalle sole autentiche Scritture registrate nel

Re-

Regio Archivio di Napoli fi fa ciò chiaro, e patente.
Poichè ful fine del millefimo efsendo ancora ignoti i
nomi delle famiglie, ma foltanto di talune delle più fi-
gnorevoli fecondo il Mabillone, e l'Ughellio; fiamo ac-
certati da Anfelmo di Brefcia, che nella celebre imprefa di Terra Santa fofsero tra gli altri intervenuti in
quella fpedizione due chiariffimi Cavalieri di Acquaviva. Da Ciacconio, Vittorelli, Biagio Altimari, e
Giacomo de Corellis, fi fa onorevole ricordanza di
Papiniano, Alberico, e Giulio Cardinali d'Acquaviva
nell'ottavo, decimo, ed undecimo fecolo. Quali fiano
le ragioni, ove loro afserzioni fondano quefti Autori
molto meglio efsi ftefsi potranno immaginarle, che io
ne affermi cofa non certa.

Monumenti di molti Signori di Cafa Acquaviva intorno al decimo fecolo.

Fuor d'ogni dubbio però ci attefta Scipione Mazzella iftorico del mille cinquecento nella defcrizione
delle famiglie del Regno aver egli veduto un privilegio
fcritto in carta pecora dell'anno 1014. che confervava
il Cavaliere Ettore d'Aquino, fpedito da Drogone
Normando Conte di Puglia, in cui fi fa donazione alla
Chiefa Catedrale di Nicaftro, che era ftata riedificata
da Aliamburga fua figliuola, di certi territorj, nel
qual privilegio firmato di propria mano del Conte,
Drogone della Real ftirpe de' Normanni, fi vede fotto-
fcritto Sanfone, o Sancio Conte di Acquaviva. Oltre
all'accennato privilegio rapporta anch'egli, e Francefco Zazzera una fcrittura antica fatta fotto il Pontificato di Aleffandro II. fottofcritta da Odone di Acquaviva dell'anno 1061., ove facendofi menzione delle forche
di Pirro, e di Clavano, che fono preffo a Norcia, e
nella Marca, chiaramente fi raccoglie, che eglino gli
Acquavivi prima della conceffione di Arrigo Impera-

Altri monumenti autentici, che pro-vano l'antico plé-dore, ed il nome della famiglia Ac-quaviva ne' tempi de' Re Normandi.

E 2   dore

dore fin dal millefimo poffedevano feudi nella Marca, e ne' confini di Spoleti, ove fu fatto, e fu ritrovato l'accennato iftromento. Ed un altra fotto Pafquale II. dell' anno *1099*. firmata dall' Imperadore Arrigo IV., in cui intervenne, e fottofcriffe Jortuario Conte di Acquaviva. Dall'antichità di quefti monumenti, e dalla qualità di effi fi può facilmente argomentare effere ftata in quei tempi quefta famiglia nobiliffima. Egli è vero, che l'ofcurità de' tempi ci ha tolto la ferie delle loro generazioni, ma quefta è l'univerfal difgrazia di quella ftagione barbara per conto delle famiglie, che, per chi non amerà le favolofe invenzioni de' genealogifti, farà compianta, e reputata vera cagione, per cui in quei tempi non fi ritrovino nè fcritture, nè monumenti d'Iftorici, valevoli a dimoftrare le ferie delle fucceffioni.

Ma a ben penfare, e fenza ufcire fuor di ftrada tutto ciò fi può certamente argomentare da quel, che di Rinaldo I. di Acquaviva ci atteftano le pubbliche fcritture, le quali dopo Arrigo VI. Imperadore, da i Re Svevi, Angioini, Aragonefi, ed altri fino a' noftri giorni fono ftate riconofciute, e reputate vere, e legitime.

Ed io ne ho offervato co' proprj occhi nella Real Cancellaria, e Sacro Regio Configlio di Napoli infiniti documenti. Avendo l' Imperadore Arrigo riguardo non meno alla nobiltà, che a' gran fervigj preftatigli da Rinaldo d'Acquaviva gli concedè nell' anno *1195.* la tenuta, e poffeffo d'una gran quantità de' feudi, che Leone d'Atri Padre di fua Moglie Forefta poffedeva nell'Apruzzi, e nella Marca; lo che evidentemente dimoftra, che Rinaldo foffe Barone in quei tempi, e per avventura difcefo da' Signori di Acquaviva: e ce

lo

Rinaldo I. d'Acquaviva Capo della famiglia, e di tutta la fucceffione de' Duchi d'Atri confervata dal 1195. fino al prefente anno 1737. fempre da primogenito in primogenito.

Conceffione di Arrigo VI. Imperadore nel 1195. dello ftato d'Atri, ed altre terre a Rinaldo I. e fuoi fucceffori.

lo fanno indubitatamente credere le parole ftefse del Privilegio, che usò l'Imperadore, confefsando aver da Rinaldo ricevuto molti fervigj, e per quefto donare a lui una sì vafta fignoria; perciochè nè da perfona di piccolo ftato fi pofsono per lo più grandi fervigj ricevere, nè a cotali perfone di sì gran ftati fi fa donazione. Onde facendoci noi indietro al Padre, ed al Nonno di Rinaldo, già entriamo nel fine del decimo fecolo, e per confeguente ne' primi tempi, ne' quali fi pofsa aver contezza de' nomi delle famiglie. Nè da quefto privilegio fi raccoglie, che Rinaldo colla fua famiglia non fignoreggiafse parte de' feudi contenuti nella Concefsione di Arrigo; poichè in quefta facendofi tra gli altri menzione di Acquaviva, che per confentimento univerfale de' Storici era della Cafa Acquaviva, chiaramente fi deduce, e che Rinaldo fofse ftato primogenito, e capo di fua famiglia, e che egli ne avefse voluto far' efprefsa menzione nella nuova inveftitura. E fi deve credere, che i noftri antichi più per una maggior ficurezza efprimefsero nelle fcritture, e privilegj tutto ciò, che pofsedevano, che perchè in fatti la necefsità il richiedefse. Anzi ci hanno di teftimonianze di tutti i Baroni di quell'età, che sì fatte efprefsioni, e conferme non folo nelle nuove fuccefsioni; ma ne' nuovi dominj, e Sovrani, come verificavafi in Rinaldo rifpetto ad Arrigo, che da pochi mefi ottenuto aveva il pofsefso del Regno, in sì fatto modo ricercavano, acciò non meno il dritto lor legitimo, che i coftumi del Regno ancora le foftenefsero. E quantunque nel fudetto privilegio facciafi menzione di Rinaldo folamente, tuttavia per conferma di quanto fopra fi è divifato veggonfi altri Signori di Acquaviva fuoi ftrettifsimi congionti

Si raccoglie dal fudetto Privilegio dell' Imperadore, quanto nobile, e di quanto fplendore fofse ricolma la cafa Acquaviva.

gionti

gionti efsere anche eglino gran Signori di quei tempi, poichè da fcritture autentiche del 1225., che originalmente confervanfi nell'Archivio della Città di Ripatranfone confinante collo ftato d'Atri, fi legge una conceffione di un luogo fatta da Arrigo, Gualtieri, ed altri loro nepoti, e fratelli Signori di Acquaviva alla Communità di Ripatranfone per cinquecento libre, col dritto di vafsallagio, ligio, ed omagio a favore de' fudetti Signori d'Acquaviva. In cui due cofe chiarifsime fi veggono, la prima fi è, che fi enuncia un privilegio Imperiale conceduto a detti Signori di potere infeudare, il qual fi fuppone molto tempo prima ottenuto, e la feconda, che oltre lo ftato d'Atri enunciato nel privilegio dell'Imperadore Arrigo è da fupporfi, che eglino altre fignorie poffedeffero. Avendo io fottopofto alla cenfura de' più rinomati letterati, e giureconfulti de' noftri giorni quefta nuova fcrittura, ha tratto feco encomj immortali per quefta cafa, afferendo tal' uni, che quefta fola bafterebbe a formare il pregio fingolare della nobilifsima gente Acquaviva; poichè con difficoltà fi rinverrà di altre famiglie argomento più chiaro della loro antica, e diftinta nobiltà.

Egli è incerto fe i poc'anzi lodati Signori di Acquaviva fofsero ftati nipoti, overo fratelli, o pur cugini del famofo Rinaldo I. E' vero però, che a' tempi dell' Imperadore Federico fi ritrova ne' regiftri della Regia Camera di Napoli dell'anno 1220. Andrea Acquaviva creato Giuftiziere della Provincia di Otranto, carica di grand'onore in quei tempi, e quefti fecondo l'Ammirato, e le fcritture regiftrate nell'Archivio della Cafa Acquaviva, e della Regia Camera di Napoli fu figliuolo di Rinaldo.

Nel

Da' Signori Acquavivi fi fa una fubinfeudazione di alcune terre alla Communità della Città di Ripatranfone colla riferva a favore loro del giuramento di fedeltà, ligio, ed omaggio nell' anno 1225.

Dall' accennata fubinfeudazione fi raccoglie, che oltre alle terre comprefe nel Privilegio di Arrigo VI. poffedeva altri feudi la Cafa Acquaviva.

Andrea d'Acquaviva figlio di Rinaldo I. Giuftiziere della Provincia d'Otranto verfo il 1220. fecondo il Regiftro della R. Camera di Napoli.

Nel regiſtro poi di Carlo I. d'Angiò veggonſi tre figliuoli di Andrea, Riccardo, Berardo, e Rinaldo II., ſerbando un di eſſi il nome dell'Avolo, ed a tutti convenendo l'età, e la poſſeſſione de' feudi di loro caſa. Di Riccardo primogenito di Andrea ci accennano egregi fatti le antiche memorie del Regno. Elleno ci fan ſapere, che eſſendo egli Signore di Coperchiano (feudo non compreſo nella conceſſione di Arrigo Imperadore) fa iſtanza al Re Carlo nell'anno 1271., che gli faceſſe pagare da' vaſſalli ſuoi le collette, che aveano uſato per l'addietro a' ſuoi Maggiori pagare. E per ſcritture dell'anno 1273. evidentemente appariſce non ſolo aver egli ſtato ampliſſimo in Apruzzi, ma eziandio nella Marca d'Ancona, moſtrando al Re il biſogno, che per la ſua dignità, e ſplendore aveva di ſoſtenere eſercito armato continuamente per difenderſi fuori del Reame da' ſuoi nemici, in tempo maggiormente, che gli conveniva uſcire dal Regno per vedere le Caſtella ſite nella Marca. E da' regiſtti della Regia Camera di Napoli dell'anno 1281. ſi raccoglie aver egli ſignoreggiato la Baronia di Bacucco per dritto di ſua Madre. Fu poſcia egli creato l'anno 1284. Giuſtiziere di Terra di Bari, dopo aver laſciato quella ragguardevòle carica Leone Filangieri, nel qual anno Carlo primogenito del Re Carlo I. avendo ben conſiderato i gran ſervigj di Riccardo portati alla ſua Corona in un diploma a lui diretto lo chiama *Nobile e Signore*, che queſto a Cavalieri, e quello a Baroni ſi deve. E per quel che aveva nobilmente operato non meno per ſe, che per il Padre gli fa donazione della Terra di Arnaria, Caſtiglione, e della quarta parte di Offena, e di Monte Silvano in Apruzzi. Poichè egli nella ſtrepitoſa guerra di Sicilia,

lia,

Figliuoli di Andrea furono Riccardo, Berardo, e Rinaldo II.

Riccardo, ſecondo i Regiſtri della R. C. di Napoli, ebbe una vaſta ſignoria nella Marca, e nell'Abruzzo.

Riccardo conduce eſercito a ſue proprie ſpeſe in Sicilia nell'anno 1285. per il Re Carlo II. d'Angiò.

Ìia , dopo eſſer intervenuto nel general Parlamento tenutoſi nell' Aquila , a proprie ſpeſe conduſſe eſercito in quell' Iſola , ove dopo infinite dimoſtranze del ſuo valore ridottoſi a cuſtodire la Città di Meſſina dagli aſſalti degli Aragoneſi , quella per tutto il tempo della guerra mantenne a divozione del Re Carlo ſuo Signore . Maritatoſi egli ſotto il Regno di Carlo I. con Giacoma de' Pizzi nobiliſſima Signora , ebbe per dote ſeicento oncie , ſomma di denaro aſſai conſiderabile in quei tempi , e due figliuoli Gentile , e Manerio . Di Gentile , che ebbe per moglie Margarita Caprifica , nacque Giacomo , il quale quantunque ſi foſſe maritato con Cubitoſa della rinomatiſſima Caſa d'Aquino , non ebbe però ſucceſſione , onde paſſò la ſignoria tutta a Berardo , e Rinaldo II. ſuoi fratelli .

Berardo ſuccede a ſuo fratello Riccardo nella ſignoria di Atri .

Berardo adunque ſucceduto nella ſignoria di Atri fu quello, che colla virtù, e colla prole ampliò mirabilmente la ſua famiglia, e di Cuma ſua moglie laſciò Gualtieri . Coſtui nel 1269. aſſicurato da' ſuoi vaſſalli ebbe

Gualtieri figliuolo di Berardo ſignore di Atri .

per moglie Iſabella figliuola di Bartolomeo Groſſo, per conto di cui ebbe Gualtieri ricchiſſima dote, perciochè ſuccedè nel Caſtel di Muro, di Canzano, di Ripa d'Avardo, del Poggio a Baſſano, di Sant' Omero , e della Torre del Tronto, e di molti ſuffeudatarj . Poſſedè ancor egli con Rinaldo II. ſuo zio per indiviſo inſieme con Fortebraccio i Caſtelli di Biſento, Valviano, Forcella, Rubiano , e Caſtelvecchio , dal che argomenta l'Ammirato eſſer queſto Fortebraccio ſucceſſore del primo marito di Sconfitta . Laſciò di vivere Gualtieri ſotto il Regno di Carlo II. d'Angiò nel 1289., rimanendo due figliuoli Matteo , e Filippa .

Matteo I. Signore di Atri figliuolo di Gualtieri nel 1289. ſuccede a ſuo Padre , ed ottiene in Rieti dal Re l' inveſtitura de' ſuoi ſtati .

Queſto Matteo nel medeſimo anno a' 27. di Settem-

tembre ottiene dal Re, effendo la Corte in Rieti l'inveftitura di tutte le Terre paterne. Ebbe per moglie Imperatrice d'Arci di chiarifsimo legnaggio de' Signori di
Campli, e nel 1303. pafsato a miglior vita lafciò Francefco, ed Ifabella fuoi figliuoli, quefta maritatafi col Conte
di Celano fu madre de' più famofi Eroi di quel fecolo.
Francefco ereditate tutte le fignorie de' fuoi Maggiori
accrebbe nondimeno a maggior fegno lo fplendore di
fua cafa cogli acquifti, che egli fece da Guidone Prame-
rano di Ripa Grimoaldo, Cantalupo, e Cordifco in
Apruzzi, ficome cofta dal Regio afsenfo fpedito dal Re
l'anno 1309.; e quefto è quel famofo Francefco, che ha
tramandato con perpetua fuccefsione alla memoria de'
pofteri la gran fignoria della Cafa Acquaviva. Suppo-
nendo intanto Imperatrice d'Arci, che Francefco fuo
figlio non dovefse aver fuccefsione, nel fecondo giorno
di Febrajo del 1309. fupplicò il Re Carlo, che venendo il cafo, che Francefco fuo figlio fi morifse fenza figliuoli, gli dovefse fuccedere Ifabella Contefsa di Celano fua forella, ma egli andò altrimenti la facenda,
poichè avendo avuto per moglie Giovanna di S. Giorgio degli antichifsimi Conti di Apici, e di Guagnano,
gli nacque Matteo II. unico fuo figliuolo, ma capace a
dar fuccefsione alla Cafa. Nel 1311., e 1319. Francefco dopo varie contefe avute co' Monaci di S. Salvatore
di Rieti fopra il Caftello di Cordifco, acquiftò nuove
ragioni fopra Muro, Canzano, e Poggio Bafsano; ebbe
egli altresì verfo il 1320. molte differenze con Currado Acquaviva Conte di S. Valentino fuo cugino intorno al dominio di Acquaviva nella Marca, onde il Re
Roberto fè aftringere Francefco fotto pene gravifsime,
che non dovefse travagliar Currado, poichè diceva il

*Francefco figliuo-
lo di Matteo nel
1309. fuccede alla
paterna fignoria
d'Atri.*

*Differenze tra
Francefco, e'l fuo
cugino Currado Co-
te di S. Valentino
intorno al dominio
di Acquaviva, co-
pofte dal Re Ro-
berto.*

F   Re,

Re, sebbene Acquavivà fosse fuori del Reame, nondimeno avendo quei Signori la maggior parte delle loro fortune nel Regno, pareva, che ragionevolmente appartenesse alla giustizia, e prudenza Reale, che questa Casa per le continue intestine contese non si dispergesse. Dal che vedesi, che questa Casa era fin d'allora divisa in due rami, il primo era questo di Francesco, l'altro era quello de' Conti di S. Valentino.

Quindi si vede, che la Casa Acquaviva fin dal 1300. era divisa in due rami di Atri, e di S. Valentino.

Il perchè è da sapersi, che Berardo I. di questo nome successore per retta linea di Rinaldo I. nella signoria di Atri, avendo formata la sua chiarissima successione in persona di Gualtieri suo figlio primogenito, succedè anche secondo le leggi de' Longobardi in altri feudi di sua casa Rinaldo II. suo fratello terzogenito, il quale essendo morto nel 1275. lasciò Currado I., Pietro, e Rinaldo III. I due ultimi non ebbero successione, onde Currado formò il secondo ramo coll'acquisto fatto di tutta la robba de' suoi fratelli. E questo Currado per quel che si vede fu Signore di grande affare, perciochè essendo egli stato carissimo al Re Roberto nel 1309. che è il principio del Regno di quel celebratissimo Monarca, fu rinvestito in tutto ciò che a lui ragionevolmente competeva secondo le leggi de' Longobardi, colle quali suo Padre aveva sempre vissuto, e che il Regno istesso non rifiutava; onde gli furono restituite Pianella, Castel de' Rossi, Civitella, Offena, e 'l Poggio, che Federico Lumano con manifesta frode aveva occupato. Nel 1315. comprò da Giacomo Cantelmo Signore di Popoli una ragione, che sopra Pianella rappresentava. Nel 1317. si vede da Regio Diploma chiamato Cavaliere, ed oltre a ciò fatto Maestro della Marescialla Reale, che è l'istesso, che noi ora chia-

La linea secondogenita, che in persona di Currado I. forma la Casa de' Conti di S. Valentino.

chiamiamo Cavallerizzo Maggiore. Nell' anno poi 1319. radunata potente armata con valor fingolare affalì gli Amatriciani, donde ritornato pieno di glorie, e di ftima fi congiunfe in matrimonio con Francefca Troifia della Regia ftirpe de' Normanni, e comprò oltre la Rocca de' figliuoli di Adda il Contado di S. Valentino, e fopra di effo ebbe il titolo di Conte.

Averardo fuo figliuolo gli fuccedè nella fignoria di S. Valentino, il quale ebbe per moglie Antonella de Fontanai. Andò egli nel 1344. a ricevere Andreaffo Re di Ungaria in nome di tutto il Regno per marito della Regina Giovanna I. E per dare effetto all' intendimento fuo di non effere riputato meno di quello, che da tutti fi fofpirava nel principio d'un nuovo governo dopo la morte del gran Roberto, e per incontrare il genio d'un Signore foraftiere, facendo ufo di tutta la fua magnanimità, e grandezza, non folamente non fcemò la riputazione, e la dignità del regno, e della Regina, ma l'accrebbe al maggior fegno, e dietro a sè lafciò imprefe di eterna memoria. Venuto poi in Regno Carlo III. di Durazzo nel 1381. fu il Conte Averardo preffo del Re in grandiffima reputazione, onde nel medefimo anno ne ottenne la confermazione di tutto il fuo Baronaggio. E correndo quei tempi torbidi per le guerre Angioine, e Durazzefche fi raccoglie dalle fcritture di quell'età haver preftato al Re per le bifogne urgenti del Regno otto mila fcudi. Lafciò egli Currrado, ed una femina dal nome della Madre chiamata Antonella, la quale prima fu maritata ad Antonio Conte di Celano, e poi a Luigi di Gefualdo. Currado II, adunque fu Conte di S. Valentino III. il quale non contento di quello, che il valore, la grandezza, e la felicità de'

Averardo Conte di S. Valentino II.

Currado II. Conte di S. Valentino III.

F 2   fuoi

fuoi genitori gli avevano acquiftato, fi ftudiò altresì colle arti della pace, e della guerra a fuoi maggiori fovraftare. Ebbe egli un figliuol fuo naturale chiamato Troilo, il quale effendo efclufo dalla fucceffione della fua vaftiffima Baronia, col confentimento del Re Ladislao nell'anno 1390. ottenne dal padre il Caftello di Oretano.

Currado II. Conte di S. Valentino IV. Il legitimo fucceffore adunque di Currado II. fu Currado III. fuo figlio Conte di S. Valentino IV. che per errore fu fuppofto dal dottiffimo Ammirato nipote del primo, ma per fcritture rinvenute poco dopo, s'avvide del fuo fallo, onde per retta linea di Rinaldo II. viene egli come figlio a confervare, ed ampliare il paterno fplendore. Nel famofo parlamento convocatofi in Napoli nel 1400. intervenne egli co' primi Baroni del Regno, effendofi egli vivente il padre nel 1382. maritato colla nobiliffima Meffina Acciajoli figliuola di Angelo Conte di Melfi, e di Malta Gran Sinifcalco del Regno.

Curraduccio Conte di S. Valentino V. Ebbe Currado un figliuolo unico chiamato Curraduccio Conte di S. Valentino V. che nell'anno 1409. faputafi la morte del Padre dal Re Ladislao, e rimafto egli fanciullo, ebbe per ordine del Re per Balio Benedetto Acciajoli Conte di Melfi fuo Zio. Ma privo egli di fucceffione pafsò il pingue fuo patrimonio al ramo primogenito di fua Cafa, e 'l Contado di S. Valentino forfe il più antico, che foffe nel regno, da' fuoi cugini fu venduto alla famofiffima Cafa Urfina, che pofcia nell'anno 1507. fu da quefta rivenduto a Giacomo Tolfano.

Fra tanto fempre più fi ampliava la linea primogenita che ha coftituito l'impareggiabile, ed immortale

cafa

cafa de' Signori Duchi d'Atri, poiche fucceduto Matteo a fuo Padre Francefco, che rapprefentava la linea primogenita, ebbe egli campo vaftiffimo da far rifplendere la fua nobiltà, per conto di cui fu grandemente onorato dalla Regina Giovanna I. che con fuo Real Diploma nel 1349. lo creò fuo Ciamberlano, e gli concedè le terre di Balviano, e Triviano. Da Jacopa Sanfeverina, della Real Cafa de' Re di Napoli, fua moglie ebbe un fol figliuolo chiamato il grande Antonio, di cui lodevolmente parla Bernardo Rucellai nella fua Storia.

Mattèo II. figliuolo di Francefco Signore di Atri.

La Regina Giovanna I. reputando il Conte Antonio Acquaviva già Signore di Atri uomo di gran valore, ed intraprefe, perciò lo fpedì col comando dell' efercito in Afcoli in foccorfo di Demetrio Albernozio nipote del Cardinal Egidio legato del Papa in Italia, e liberatolo dàll' affedio di dieci mefi, ritornò in Napoli, ove maggiori imprefe parve a tutti haver compito colla illuftre, e chiara fama del fuo nome, che non mai altro Capitano averebbe potuto col favor delle armi.

Antonio I. figliuolo di Matteo Signore d' Atri.

E poiche fi è fatta menzione degli Afculani, egli fembra, che parli di quefto ifteffo Conte Antonio un' antica Cronaca di Afcoli del 1395. che effendo quefti, che fu poi Duca di Atri nel 1393. come fi dirà in appreffo, di parte Guelfa, unitofi con Giovanni Maffimo nobile, e potente cittadino Afculano, col fuo efercito tolfe da man de' Gibellini la Città di Afcoli, che per lungo tempo fi mantenne fotto il comando del Duca d'Atri. D'onde fi raccoglie una nuova pruova, che i Signori Acquavivi foffero in quel tempo, e Duchi d'Atri, e Signori di gran valore, e potere. Eftinta la Regina Giovanna I. dal Re Carlo III. di Durazzo, fu

da

da quefti talmente prezzato , che lo creò nel primo anno del fuo regno gran Ciamberlano ; e nella guerra contro Ludovico di Angiò dell' opera fua grandemente fi valfe , E tant' oltre fi avanzò nella ftima , ed amore del Re , che a' 12. di Aprile del 1382. ricevè in dono la terra di S. Flaviano , e di Montorio erette amendue per tal cagione in Contado , e nel tempo iftelfo fu eletto Giuftiziere di Apruzzi oltre il fiume Pefcara .

Antonio creato Conte di S. Flaviano, e di Montorio .

Era il Conte Antonio , e la fua famiglia non folo in tutto il Regno in prezzo ed in ftima molta , mà anche fra tutti gli altri Signori di quella ftagione in Italia di gran lunga la prima . E fapendo il novello Re Ladislao , quanto erafi deftramente affatigata la Cafa Acquaviva in Napoli con la Regina Margarita fua madre in tempo della fua lontananza dal Regno , mentre in Gaeta erafi ricovrato . E che i fuoi primi felici fucceffi avvenuti in Apruzzo nella Signoria , e Stati della gente Acquaviva , erano ben dovuti a quei Signori , per mezzo de quali egli venne facilmente all' acquifto di tutto il Regno . Quindi penfando il Re fregiar quefta Cafa di un' onor fingolare , creò , e dichiarò con fuo Real Diploma , e privilegio a' 20. di Giugno dell' anno 1393. il Conte Antonio Acquaviva Duca di Atri , e Signore di Teramo , venendo nel Real Diploma fingolarmente chiamato dal Re fuo confanguineo . E quefto è il più raro fregio di nobiltà , e di antichità , che ammirar fi poffa in Italia , rifplendere nella Cafa Acquaviva , che in tal guifa fopra tutte le altre famiglie d'Italia , e di fuori ancora dal confenfo univerfale degli Storici vien diftinta , e commendata .

Il Conte Antonio creato Duca d'Atri dal Re Ladislao fuo parente , e Signore di Teramo a' 20. Giugno del 1393.

Ed ora quafi da lungo pellegrinaggio ridotti a Cafa egli è uopo leggiermente defcrivere l'origine della

Origine , e pregi della Città d'Atri, e poffeffo di quella dalla Cafa Acquaviva ;

della Città d'Atri, e del posseſſo di quello ſtato ottenuto dalla Caſa Acquaviva. E per cominciar dalla Città d'Atri è da ſaperſi, che nella regione di Apruzzo
chiamata dagli antichi de Sanniti Marrucini tra gli due
fiumi Vomano, e Piomba quaſi nel mezzo di eſſi sù un'
alto Colle è la Città d'Atri, detta dagli antichi Hadria.
Ella fu ne' tempi della Repubblica antica Colonia de'
Romani, come vedeſi da antica Iſcrizzione preſſo il Gru-
tero. Ivi nacque, come Celio Sparziano ſcrive, Adriano Imperadore; e Pier Vettori ſeguitando l'opinione
di Seſto Aurelio hà fortemente ſoſtenuto, che da queſta
Città aveſſe acquiſtato il nome il Mare Soprano Adriatico. E tal' uni accennati da Scipione Mazzella han-
giudicato, che l'inſegna dell' Aquila, che è propria di
quella Provincia, Apruzzo ultra volgarmente oggi
chiamata, foſſe ſtata preſa dalla Città di Atri in rimem-
branza ed onore del Grande Adriano, che benchè Spagnuolo di origine, gloriavaſi tutta via haver tratto di
Atri i ſuoi natali.

Nell' anno 1252. eſſendoſi dichiarata la Città
d'Atri pel Papa della parte Guelfa contro i Gibellini, fu per mezzo del Cardinal Pietro de Colmieu Ve-
ſcovo di Albano decorata dalla Cattedra Veſcovile, come riferiſce il dottiſſimo Fleuri nella ſua Iſtoria Eccle-
ſiaſtica. Ed eſſendo ſtata come confinante allo ſtato
della Chieſa immerſa nella fazzione Guelfa, dovè neceſſariamente ſoggiacere per la fatal condizione di quei
tempi a varj ſaccheggiamenti, e ruine. Anzi che ſi
raccoglie per tradizione in quei popoli, che ella di fatto foſſe ſtata due volte verſo il 1292. a' tempi di Papa
Nicolò IV. a sì fatte deſolazioni ſottopoſta. E ſi legge in
un manoſcritto antico, che ſi conſerva in quella Città,

La Città d'Atri fu di parte Guelfa e favore della Chieſa.

La Città d'Atri ſogetta a varj ſaccheggiamenti de Gioellini ſuoi nemici.

eſſere

Falsamente si suppone da tal' uni, che fosse ella stata saccheggiata, e bruciata da' Saraceni nel 1291.

essere stata in quell' anno dal furor de' Saraceni saccheggiata, bruciata, e gettata a terra; mà come che da ogn'uno, che sia mezzanamente instrutto delle Istorie del Regno, si sà molto bene, che in quei tempi erano stati già cacciati via i Saraceni dal Regno sin da' primi anni del Re Carlo II. di Angiò, e molti pochi erano quelli, che rimasti erano in Sicilia al servizio del Re Guglielmo, e Tancredi, onde crederei più tosto, se il mio avviso non m'inganna, fosse ciò cagionato da' Gibellini, che come nemici della Chiesa peggiori de' Saraceni venivan reputati.

Si avvisa la cagione, per cui i Signori Acquavivi padroni di Atri non fecero dimora per lungo tempo in quella Città,

E questa è la cagione, per cui i Signori Acquavivi padroni dello stato d'Atri, se non prima, almeno dal 1195. non fecero in quella Città continua dimora. Onde a tempo del Re Ladislao essendo quasi estinte le fazzioni de' Guelfi, e Gibellini, saggiamente il Conte di S. Flaviano Antonio Acquaviva per mezzo del Conte Alberico da Barbiano Gran Contestabile del Regno, poichè gli Adriani suoi vassalli mal volentieri soffrivano il comando de' loro antichi Signori, che lunga pezza da quella Città per le divisate ruine, saccheggiamenti, e fazzioni ne eran stati lontani, propose di fare una nuova convenzione col Re Ladislao. Ed avendo

Ricompra fatta dello stato di Atri dal Duca Antonio in occasione, che comprò dal Re Ladislao lo stato di Teramo.

egli comprato Teramo volle collo sborso di trentacinque mila ducati d'oro, che grandemente giovarono al Re per le bisogne della guerra, acquistar nuovo titolo, e nuova investitura sopra lo stato d'Atri, per cui sgombrate fossero tutte le vane pretensioni degli Adriani.

E per maggior lume della nostra Istoria sarà bene avvertire, che non solo in quei tempi, ma ne' susseguenti ancora sono state più volte cimentate le accennate pretensioni; e quantunque ne' tempi avversi alla chia-

chiariſſima Caſa Acquaviva con grande ardore ed aſſiſtenza foſsero ſtate propoſte ne' ſupremi Tribunali del Regno, ſempre però ſono ſtate rigettate, e di niun conto giudicate. E ſù queſto propoſito cade molto in acconcio il doverſi biaſimare la falſa opinione di taluni, che ciecamente credettero non eſſere ſtato già il Duca Antonio Primo Duca di Atri, ma Andrea Matteo ſuo figliuolo nell'accennato anno 1393., lo che, oltre al doverſi ripòrre tra gli abbagli, e le confuſe notizie di quell' età, chiaramente ſi raccoglie per la verità della noſtra Iſtoria dalla tradizione perpetua, e da' monumenti della ſteſsa Città di Atri, dal Diploma ſpedito, e regiſtrato nella Real Cancellaria di Napoli, ed in fine tra gli altri Iſtorici eſpreſsamente dal Coſtanzo nella ſua Storia di Napoli, il quale lo raccoglie dall'antica Iſtoria del Duca di Monteleone ſcritta di carattere proprio di que' tempi, da Pietro d'Umile, ed ultimamente dall'erudiriſsimo Andrea Vittorelli nella vita di Bonifacio IX.

Ripigliando adunque il laſciato filo della noſtra Iſtoria diciamo, che il Duca Antonio congiuntoſi in matrimonio colla nobiliſsima Ceccia Cantelma figlia di Reſtaino Conte di Popoli, e di Sora, altro figlio non ebbe, che Andrea Matteo I. di queſto nome Duca di Atri II. Fu a coſtui data per moglie Caterina Tomacella Cybo nipote di Papa Bonifacio IX. figliuola di Giovannello ſuo fratello Marcheſe della Marca colla dote di cento ſette mila ſcudi, non più inteſa in quei tempi, ſecondo il Ciacconio; il che fra gli altri riſpetti facilmente avvenne per la vicinanza de' ſtati, che eglino gli Acquavivi in quelle contrade poſſedevano. Fu in ſomma ſtima preſso il Re Ladislao, il quale pel ſuo natural coſtume oltremodo amante de' Signori di alto

G   le-

E' ſtata più volte contraſtata la giuriſdizione al Duca di Atri di quello ſtato da' Cittadini Adriani, ma ſempre è riuſcita vana ogni loro intrapreſa, poichè il poſſeſſo è immemorabile a favore della Caſa Acquaviva.

Andrea Matteo I. Duca di Atri II. figliuolo del Duca Antonio.

Prende per moglie la Nipote di Papa Bonifacio IX. figlia di Giovanni Tomacello Ceibo Marcheſe della Marca, colla dote di cento ſette mila ſcudi.

legnaggio , e valor militare consegnò al Duca Andrea Matteo la sua sorella Giovanna di Durazzo per condurla in isposa a Guglielmo Duca di Austria . Ritornato da sì nobile ambasciata fu immantinente nell' anno 1407. dal Re spedito per Capitan Generale del suo esercito contro Maria Principessa di Taranto . E per quel che riferisce l'antichissima Istoria del Regno ritrovata presso il Duca di Monteleone , sappiamo di certo , con quanto valore egli si portasse in quell' impresa ; poichè essendo il Duca di Atri nell' ultimo di Marzo alla fiumara di Taranto , uscì all' improviso una banda di gente sopra del suo campo , ma che per l'avvedutezza del Duca di Atri furono i nemici tutti rinchiusi in modo , che per non poter ridursi tutti in Taranto ne perirono più di centosessanta , che si buttarono in mare, ed assai altri ne furono fatti prigioni. Compita tale impresa ritornossene il Duca a Teramo pieno di gloria , e di onori , ove dopo qualche anno la mortal vita terminò , non senza strepito di quella Provincia , in cui varie fazioni fomentandosi , si venne alla fine ad aperta intestina guerra , che lunga pezza quello Stato , e la Provincia intera ebbe a travagliare . Nacquero di Andrea Matteo tre figliuoli , i quali tutti e tre un dopo l'altro furono Duchi di Atri , ed una figliuola femmina maritata nella ragguardevole famiglia de' Camponeschi antichi Conti di Montorio .

Il Duca Andrea Matteo fatto Capitan Generale del suo esercito dal Re Ladislao nel 1407.

Figliuoli del Duca Andrea Matteo I.

Il Primogenito dal nome dell'Avolo ebbe nome Antonio ; ed egli sarebbe stato uno de' più fortunati , e ricchi Signori d'Italia, se avesse avuto figliuoli . Poichè appena fattasi la pace dal Re Ladislao colla Principessa di Taranto , e congiuntosi con lei stessa in matrimonio , che seriamente pensò di collocare l'unica sua

Il Primogenito del Duca Andrea Matteo fu Antonio II. Duca di Atri III.

figliuo-

figliuola nata dal Principe di Taranto . E rivolti i pensieri al Duca di Atri , a lui la diede per isposa agli 8. di Ottobre del 1407. Ed avendo avuto per dote quasi tutta la robba del Principe suo padre , egli è quasi incredibile ciò che riferiscono gl'Istorici del Regno , che il Re fosse sì contento di questo parentado , che ne ordinò solenne pubbliche feste in tutta la Città . E tutto ciò avvisando il Costanzo in tal guisa soggiugne : *Il Re celebrò quindici dì nel Castello nuovo le nozze con quella pompa , che averebbe fatto , se fosse stata figliuola a lui , e 'l Duca sè festa quindici dì dopo che l'ebbe condotta al suo Palazzo a Porta Donnorso . Scrive Pietro d'Humile , che si giostrò per ordine del Re venti giorni a dodici giostratori per banda , e ch'el Re volse , che in tutto fossero ogni dì nuovi giostratori , con nuove foggie . Onde si può vedere quanto sia vero il detto di Platone , che tutti i sudditi si accomodano al costume del Principe , che perchè il Re frequentava con piacere l'armeggiare , si trovarono quattrocento ottanta giovani in ordine per quello esercizio .*

Essendo per fatal disgrazia morto senza figliuoli il Duca Antonio , gli succedè l'altro fratello Pietro Bonifazio Duca di Atri IV. , il quale per quanto si raccoglie da' Registri dell'anno 1413. , vien chiamato dal Re Ladislao suo *Parente* , e gli concedè il possesso di tutto ciò , che aveva avuto il Duca Andrea Matteo suo padre . Si congiunse in maritaggio con Caterina Ricciardi figlia di Francesco Sinifcalco del Re Ladislao , e poi Maresciallo del Regno , Signore di Ortona , Termoli , ed altre Città del Regno , e da essa ebbe Andrea Matteo II. Duca di Atri V. Costui nel primo fiore di gioventù dedito al mestier dell'armi si unì in lega con Francesco Sforza Signore di Milano , quantunque si

fosse

Il Duca Antonio II. si sposa con la figlia della Regina Maria moglie di Ladislao , e per ordine del Re si fanno le feste pubbliche in tutta la Città .

Pietro Bonifazio fratello del Duca Antonio II. dichiarato Duca di Atri IV.

Andrea Matteo II. succede a suo padre Pietro Bonifazio , ed è Duca di Atri V.

foſſe mirabilmente ſegnalato in varj incontri nelle guerre acerbiſſime di quei tempi, tuttavia tra i diſagi della milizia, e tra le altre cagioni egli ſi morì ſenza aver ſucceſſione; e fu chiamato immantinente al poſſeſſo de' ſuoi ſtati Gioſia ſuo zio, che fu Duca di Atri VI.

Gioſia fratello di Antonio II., e di Pietro Bonifazio per mancanza di figliuoli ſuccede a ſuo Nipote, e vien chiamato Duca di Atri VI.

Non v'ha dubbio veruno, che sì gran uomo, quanto eccellente fu reputato nelle arti della guerra, e della pace, altrettanto ſi vidde obbligato eſſere il berſaglio della più ria, ed avverſa fortuna. Perciochè non oſtante la parentela ſtrettiſſima con Franceſco Sforza, ſcrive Giovanni Simonetta iſtorico di quei tempi, fu tuttavia ſuo fiero nemico in tutto il tempo, che Gioſia ritrovavaſi non meno alla cuſtodia della Marca, che del partito del Re Alfonſo di Aragona. Per la qual cagione come prudente, e ſaggio Capitano conduſſe le arme del Re fuori del Reame ſino a Jeſi, per impedire da quella parte l'entrata degli Sforzeſchi nel Regno. Nel 1435. ritrovoſſi nella famoſa giornata navale, in cui il Re Alfonſo fu rotto da' Genoveſi, di dove alla fine libero ritornato a caſa ſua fu dallo Sforza come nemico di Alfonſo di bel nuovo aſſalito, e moleſtato; per sì fatto modo, che avvertiſce il Corio nella Storia di Milano, fu aſtretto il Duca Gioſia mantenere a ſue ſpeſe un

Il Duca Gioſia Capitano celebre de' ſuoi tempi prende le parti degli Aragoneſi contro i Sforzeſchi.

eſercito intero per far fronte a' Sforzeſchi. Nè per queſti, ed altri rilevantiſſimi ſervigj fatti al Re, potè ottenere la reſtituzione delle due celebri Città di Atri, e di Teramo, che al nipote Andrea Matteo erano ſtate tolte. Per queſta cagione nel celebre parlamento convocatoſi in Napoli nell'anno 1443., ove intervennero tutti i Baroni del Regno, non volle egli comparirvi, poichè gli era notiſſimo l'amore del Re Alfonſo, che

E' coſtretto il Duca Gioſia mantenere eſercito intero a ſue ſpeſe.

por-

portava a D. Ferrante ſuo figliuol naturale, che ſucceſſore al Regno già deſtinato l'aveva. Egli il Duca
Gioſia così moſtrandoſi infleſſibile inſieme, ed alterato
cercò con inſolita coſtanza di animo di levargli ad un
ora e la ſperanza di ſmuoverlo, e la ripugnanza di ce-
dergli le due Città già tolte. Quindi collegatoſi alla
fine co' Sforzeſchi ſuoi parenti ſtrettiſſimi, ſi rivolſe
alla forza, & ad aperta guerra col Re ſi venne. Poichè
nell' apparire della Primavera il Conte di Tagliacozzo
Gio: Antonio Urſino Capitano delle genti Regie chiamato l'eſercito dagli alloggiamenti s'inviò verſo Boz-
za Caſtello del Duca Gioſia, ed accampatoſi non lungi
dal luogo, ſi apparecchiava per eſpugnarlo. Ma venuto tutto alla notizia del Duca di Atri raccolſe con mirabile celerità molti de' cavalli ſuoi, e meſſo inſieme
quanto maggior numero potè de' ſuoi partegiani, e
vaſſalli aſſaltò all' improviſo il campo nemico, e rotto
l'Urſino, e trucidati molti de' ſuoi ſoldati, il reſto dell'
eſercito poſe in fuga. Inteſo il ſucceſſo dal Re, e di
ſommo momento riputato, perchè traendo il Duca
di Atri maggiori forze, e genti de' Sforzeſchi nel Regno, non veniſſe nel reſtante a travagliarlo, deliberò di
andare egli ſteſſo in perſona al comando dell'eſercito;
ed in tal guiſa fornite con quella diligenza, che il biſogno ricercava, le piazze del Regno vicine all'eſercito
del Duca Gioſia, preſe il cammino verſo la Città di
Chieti. In queſto ſtato di coſe, che dalla grande idea
delle forze del Duca Gioſia vedeanſi quaſi bilanciate
quelle del Re, fu per mezzo degli amici, prima che ſi
veniſſe ad aperta oſtilità, riconciliato il Duca di Atri
con Alfonſo, ed a' 22. di Luglio dell' anno 1446. gli
ſpedì il privilegio, con cui di nuovo gli concedeva lo
stato

Il Duca Gioſia ſi collega co' Sforze-ſchi per ricuperare le Città di Atri, e di Teramo, che ingiuſtamente erano ſtate occupate.

Il Duca Gioſia viene a giornata coll' eſercito Regio comandato da Gio: Antonio Urſino Co-te di Tagliacozzo, e lo pone in fuga preſſo i confini de' ſuoi ſtati.

Il Re Alfonſo và di perſona all'eſer-cito contro il Du-ca Gioſia.

Il Duca Gioſia ſi riconcilia col Re Alfonſo, e gli reſti-tuiſce il ſuo ſtato di Atri, e di Te-ramo.

ſtato di Atri. E poichè nella conceſſione del Re ſi giudicò non eſſer compreſe le Città di Atri, e di Teramo, appena morto Alfonſo, collegoſſi il Duca Gioſia col Principe di Taranto ſuo ſuocero, per non vederſi dell'antichiſſima ſignoria de'ſuoi maggiori ſpogliato. E grandi preparativi di guerra formati con ſuo eſercito dall'Apruzzi diſceſe nella Provincia di Bari, ove l'eſercito Regio del ſucceſſore al Regno Ferdinando attendevano. E quantunque il Re tutto interamente al Duca di Atri aveſſe reſtituito, la guerra però andò innanzi. Di modo che morto il Duca Gioſia reſtò al ſuo figliuolo il Conte Giulio la gloria di averla con ſingolare onore terminata. Ebbe il Duca Gioſia due mogli, una di caſa Carrara nobiliſsima di quella ſtagione degli antichi Signori di Padova, e l'altra figliuola del famoſo Giacomo Caldora Duca di Bari, e Capitano de' piú illuſtri, che ſiano ſtati in Italia.

E che coſì andar doveſſe la biſogna, manifeſtiſſimo argomento ne fu l'onorata condotta del Conte Giulio ſuo figliuolo Duca d'Atri VII. il quale pel ſuo nobiliſſimo ſpirito e pel valore militare, vuole Leandro Alberti nella ſua eſatta deſcrizzione di Italia, eſſere egli ſtato uno de' primi Signori d'Italia, ed il Sanazzaro lo ripone tra gli Semidei, ed Eroi d'Italia nel ſuo Poema ſcritto al Re Federico.

Hic age te laudeſque tuas fortiſſime Juli
Non ſileam, & valida prælia geſta manu:
Quem titulis Aquiviva domus perluſtribus ornat,
Mortaleſque inter Semideoſque locat.
Et jam militiæ moles tibi creditur omnis,
Omnia ſub leges allicis ipſe tuas.

Trovandoſi egli genero del Principe di Taranto, e veggen-

Morto il Re Alfonſo ſi collega il Duca Gioſia col Principe di Taranto ſuo ſuocero, e muove la guerra al Re Ferdinando ſuo figliuolo, poichè non oſtante la conceſſione del Re Alfonſo non gli furono reſtituite le Città di Atri, e di Taranto.

Giulio Antonio Duca d'Atri VII. ſuccede al Duca Gioſia ſuo padre.

Il Duca Giulio per il ſuo valor militare, e per le ricchezze fu reputato uno de' primi ſignori d'Italia.

gendo la guerra moſſa , e che il ſuocero , ed il Padre avevano preſe le armi,gli convenne ſeguitare le parti del Principe . E radunato un eſercito di ottomila cavalli , e con eſſi , come ſcrive il Colenuccio , e tutti gli altri Storici del Regno , ſi oppoſe fortemente all' eſercito del Re Ferdinando . Ma morto che fu il Principe di Taranto nel 1463. ſcrive l'eruditiſſimo Pontano , avviſato Ferdinando Re di Napoli , che Giulio Antonio Acquaviva genero del Principe defonto era già in arme con venti ſquadre di cavalli per inſignorirſi di Bari , nella cui fortezza eran ſerbati quarantamila ducati d'oro , ed altre coſe prezioſe del Principe , moſſe il campo verſo Terlizzo , ove fermatoſi per molti giorni traſſe Bari , e la fortezza a ſua devozione . Il Duca d'Atri tra queſto mezzo vedutoſi privo del ſuocero , e non vedendo nel figliuolo baſtardo del Principe ſenno , nè diſpoſizione , che meritaſſe di ſuccedere a sì ricca e gran ſignoria , e prevenuto altresì dal Re nella preſa di Bari , e ſua fortezza , non iſdegnò le offerte di pace , e ſi convenne col Re . Per lo di cui ſtabilimento a' 25. di Novembre del 1463. furono formati tredici capi , e per ſicurezza , e ſolennità de' medeſimi intervennero il Cardinale di Ravenna legato del Papa , ed Antonio del Trezzo Ambaſciadore del Duca di Milano. Quindi con lieto animo il Duca d'Atri paſsò agli allogiamenti reali , alzate le ſue bandiere , e giuratogli di eſſere ſuo fedele capitano , e vaſſallo . Nè può mai a baſtanza dirſi con quanto piacere ed amore il Re l'accoglieſſe , che della caſa Acquaviva sì gran ſtima in tutti i tempi fatto avea . Perciò dimoſtra colla ſua ſolita iſtorica eſattezza il Pontano , come il Re ritornato a Napoli menò ſeco il Duca d'Atri , della cui opera dic' egli , e del conſiglio grandemen-

Il Duca Giulio ra duna un' eſercit- ſpeſe ſue di ottomi- la cavalli , e ſi por- ta contro l'eſercito del Re Ferdinan- do.

Il Duca Giulio fa pace col Re , e paſ- ſa colle genti ſue al ſervigio Reale .

demente si valse in tutti i suoi più importanti affari di guerra, e di pace; colla di cui condotta moltissime cose valorosamente fornì, e con facilità resse, e governò. Perciò sperando il Re di havere la figliuola di Carlo Duca di Borgogna per moglie di D. Federico suo figliuolo deliberò di mandare il Duca d'Atri in Borgogna, el tutto riuscì felicissimamente. Essendo poi il Duca di Calabria coll'esercito di Papa Sisto IV. e del Re suo padre nell'anno 1479. intorno a Colle per espugnare quella piazza de' Fiorentini, vi fu chiamato anche il Duca d'Atri, che ferito nell'assalto d'un passatojo nel piede, non lasciò di valorosamente portarsi. Ma astretto il Duca di Calabria abandonare la guerra contro Fiorentini, per havere il Turco con formidabile armata occupato Otranto, e quasi il regno tutto atterrito, creò in quella impresa suo General Luogotenente il Duca Giulio. E si osserva dagli antichi monumenti del Regno, con quanta gloria, e destrezza avesse egli fatto le parti d'un valoroso capitano. Ma per fatal disaventura di quella guerra, e del regno ritrovandosi egli il settimo giorno di Febrajo dell'anno 1481. in un luogo chiamato Sternataja ebbe notizia, che i Turchi usciti a fare le solite scorrerie ne menavano con loro gran preda di uomini, e di bestiami, poichè montato con gran fretta il Duca a cavallo, andò con tutti quei de' suoi, che in breve potè raccogliere ad incontrarli, e ritrovatigli, e tolto loro la preda, e trucidati moltissimi, al resto diede la caccia fino alle mura di Otranto. Il capitano de' Turchi veduta la vituperosa fuga, ed udito il danno de' suoi; e pensando dover essere i nemici, e loro cavalli ormai stanchi dalla sostenuta fatiga, con tutto l'esercito de' Turchi a cavallo, ed a piè uscì d'Otran-

Passa in Borgogna per conchiudere il matrimonio colla figliuola del Duca di Borgogna, el primogenito del Re Ferdinando.

È chiamato in Toscana dal Duca di Calabria nel 1479. per la guerra contro i Fiorentini; ove è ferito gravemente.

Vien creato CapitanGenerale del Re Ferdinando contro Turchi fortificati in Otranto.

Avvisato il Duca Giulio di un gran bottino fatto da' Turchi nelle vicinanze di Otranto gli assalta, e gli toglie la preda.

E vien poco dopo sorpreso da tutto l'esercito Turco.

di Otranto a rinvenire il Duca, con cui venuto alle mani, benchè da freschi contro affannati, e da molti contro pochi si attaccò aspra, e non mai più intesa sanguinosa battaglia, tanta virtù risplendeva in lui, che della strage, che egli fece non stanco, nè per la perdita de' suoi sgomentato, all' ultimo non potendo più l'ardire, e la forza de' pochi resistere alla moltitudine ed empito de' barbari, co' suoi più coragiosi soldati, e capitani vi cadde estinto da trenta, e più ferite il Duca d'Atri. Questo fiero accidente oltremodo increbbe al Re Ferdinando; il quale non solo non ebbe difficoltà di contestare in pubblico il suo gran dispiacere con dire, che la morte del Duca gli aveva recato maggior dolore, che la perdita di Otranto, ma avendo poi con l'assistenza del Duca di Calabria suo figlio ricuperata la Città da man de' Turchi volle con real pompa celebrare l'essequie al Duca Giulio, assistendo egli il Re medesimo alla funebre funzione con tutto il suo esercito, sicome ce lo attesta Antonio Galateo medico del Re Ferdinando nell' istoria che egli scrisse de' successi di quei tempi; e nobilmente avvisa Michele Marullo poeta celebre di quella stagione in una sua elegia consolatoria ad Andrea Matteo suo figlio

Ma egli resiste, e combatte con pochi de' suoi contro tutti gl' Infedeli.

Ma alla fine cade estinto nel campo da trenta, e più ferite.

Dispiacere del Re Ferdinando per la morte del Duca d'Atri Giulio Antonio d' Acquaviva.

Volle il Re assistere di persona con tutto l'esercito a' funerali fatti al Duca.

Nuncia fama patris ad nos pervenit ademti,
  Protinus & lacrimas visa novare meas.
Nec tua tam fateor, quàm me mala publica tangunt,
  Et subit Hesperii flenda ruina soli:
Occidit ausonidum vir nulli laude secundus,
  Sivè velis belli, seu magis arte togæ.
Ille dies primum metuendos reddidit hostes,
  Et cecidit Latiæ gloria militiæ.

H   *Vidi*

Vidi ego confuſas peditumque, equitumque catervas
  Rorantes oculos vix bene tollere humo :
Et modo militiam, modo deplorare Latinum
  Nomen, & erepti jura fidemque Ducis :
Et voluiſſe mori, nec te fortiſſime Juli,
  Amiſſo vilem continuiſſe animam.
Quid tibi nunc tot pulſi hoſtes, tot mœnia proſunt
  Diruta ? quid titulis fulta ſuperba domus ?
Quid Ligurum devicta acies ? quid Gallica ſigna ?
  Partaque pugnaci gloria rara manu ?
Non minus infeſtos medius deprenſus in hoſtes,
  Dum tibi turpe putas cedere mille viris :
Occidis, heu ! tituls ſævi acceſſurus Achumi.
  Me miſerum quantum nex dedit una mali ?
At pia pro patria, pro diis, ariſque tuendis,
  Indueras Latium dux caput arma tibi.
Ultoreſque Deos jurata in bella trahebas.
  Si modo ſunt curæ juſque piumque Deis.
Sed neque fas, neque jura Deos mortalia tangunt,
  Et rapit arbitrio ſors fere cuncta ſuo.
Nam quid priſca fides juvit, pietaſque Pelaſgos ?
  Nempe jacent nullo damna levante Deo.
Aſpice Bizzanti quondam gratiſſima divis.
  Mœnia, Romanæ nobile gentis opus.
Hæc quoque jam pridem hoſtili data præda furori eſt,
  Solaque de tanta gloria gente manet.
Vivit honos, vivunt benefacta, virumque labores,
  Et fugit hoſtiles fama, decuſque rogos.
Sic tua, longinquam latè diffuſa per ævum
  Nomina per gentes fama loquetur anus.
Certatimque canent docti tua geſta poetæ,
  Factaque erunt populis, dictaque nota tua.

                                    Hic

Hic verus virtutis honos , hæc digna laborum
  Præmia , magnanimis jure petenda viris .
Parcite præclarum funus violare querendo .
  Hoſtibus evenient funera lenta meis .
Hoſtibus eveniat molli tabeſcere lecto ,
  Amplexus inter fœmineoſque mori :
Arma viros , cædeſque decent, quid tempora vitæ
  Nataleſque viri connumerare juvat ?
Sat vixit, ſi quem vitæ non pœnitet actæ :
  Laudibus & fama longa petenda dies .
Nil magis eſt certum ſumma mortalibus hora .
  Seriùs , aut citiu una terenda via eſt .
Quid fraudare juvat momento temporis ævum ?
  Sera licet , nunquam eſt ſera futura dies .
Optima pars vitæ ſupremo ex funere pendet ,
  Felix cuicumque eſt fas bene poſſe mori .
Quod ſi quis caſuſque hominum, ſenumque laborum
  Cogitet , & vitæ tot mala damna brevis :
Jam primus mecum ille ortus , non ultima flenda
  Tempora mortali ſentiet eſſe viro .
Debita naturæ mors eſt, quid pectora planctu
  Concutis ? invidiam parce movere Deis .
Parce precor , Matthæe , modumque impone dolori ,
  Ingenium luctus dedecet iſte tuum .
At non ſic Tynichuſque ſenex , Spartanaque natum
  Flevit : eris molli mollior ipſe nuru ?
Si tibi conſultum non vis , at conſule fratri ,
  Conſule amicitiis , conjugioque tuo .
Aſpice qui populi , quis te circumſpicit ordo ,
  Impoſita eſt humeris farcina quanta tuis .
Sume animos , nec te veſano trade dolori :
  Et populis tandem da ſua jura tuis ,

H 2   Da

Da populis fua jura tuis, terrifque beatus
Vive diu; meruit quæ pater, aftra tenet.

Giulia Nuova edi-
ficata da fonda-
menti dal Duca
Giulio Antonio ful-
le rive del Mare
Adriatico.

Con quefto sì onorato fine lafciò anche memorabil fama di sè a pofteri, per havere edificato una nuova Città, che volle fi chiamaffe dal fuo nome Giulia Nuova fita in luogo affai vago ed ameno, ove dopo lui han fatto quafi fempre il loro foggiorno i Signori Duchi della cafa d'Atri. Vogliono taluni Iftorici, che ella foffe ftata edificata dalle ruine di S. Flaviano antico Contado della Cafa, mà il vero fi è, che bifognando in quei tempi sì torbidi per la noftra Italia rifornire i fuoi ftati di abitatori, e conftruire un luogo importantiffimo per il commerzio del Mare, convenne al Duca Giulio alzare da fondamenti una nuova Città fulle rive del Mare Adriatico, chiamata dal fuo nome Giulia Nuova. Diligentiffimo egli altresì in allevare i fuoi figliuoli, ad

Fu celebrato affai
da molti Iftorici
per lo ftudio delle
lettere, che gia-
mai tralafciò nel
maggior fervore
delle guerre, e la-
fciollo ereditario a'
fuoi figliuoli, e
pofteri.

effi, ed a' fucceffori fuoi lafciò ereditario lo ftudio delle lettere. E fu mirabil cofa in un Signore dedito alle arti della guerra in tutto il corfo di fua vita, di haver tramandato alla memoria de' pofteri molti parti de' fuoi ftudj, i quali accenna a pieno Paolo di Tarfia nella fua Iftoria di Converfano. Ritrovatofi prodigiofamente il fuo corpo nella battaglia di Otranto fu honorevolmente fepolto nel Moniftero di S. Maria dell'Ifola da sè edificato, ove fi vede la fua ftatua di marmo colle ginocchia piegate di mirabil ftruttura con quefta ifcrizzione.

D. O. M.

D. O. M.
Julius Antonius Aquavivus de Aragonia
Dux Hadriæ, Converſani, & S. Flaviani Comes,
Anno humanitatis Dei, MCCCCLXXXI. VI. Id. Febr.
Pro Chriſtiana Religione
Invicti Regis Ferdinandi fide,
Ac tuitione omnium.
In Oris Hydrunti apud agrum Muri
Duo paſſuum millia ab Urbe diſtantem,
Acritèr pugnando
A Turcis capite cæſus,
Hic recubat.

Ebbe egli per moglie Catarina del Balzo cugina del Re Ferdinando figlia di Gio. Antonio del Balzo Principe di Taranto, Conte di Lecce, Duca di Brindiſi, e gran Conteſtabile del Regno, la quale gli recò in dote il *Contado di Converſano, Turi, la Città delle Noci, Bitetto, Caſamaſſima, e Caſtellana,* come ſi oſſerva dall' aſſenſo conceduto dal Re ſotto gli 11. di Aprile del 1456. e le procreò tre figliuoli maſchi, ed una femina nominata Paola, che fu maritata al nobiliſſimo Onorato Sanſeverino Principe di Biſignano.

Moglie del Duca Giulio fu Caterina del Balzo figliuola del Principe di Taranto, da cui procreò due figliuoli maſchi Andrea Matteo primogenito e Duca di Atri, e Beleſario Duca di Nardò ed una femina chiamata Paola.

Figliuolo primogenito di Giulio fu Andrea Matteo III. Principe di Teramo, e Duca di Atri VIII. Di queſto grand'Eroe di Caſa Acquaviva ſono tante, e ſì grandi le coſe, che ſi accennano dagl'Iſtorici del Regno, che ſe crediamo a Marcello Palonio celebre Poeta Romano di quella ſtagione, ſembra egli aver dato maggior pregio alla ſua Città di Atri, che non ne dia queſta col ſuo nome al Mare Adriatico.

Andrea Matteo III. Duca di Atri VIII., e Principe di Teramo ſuccede al Duca Giulio Antonio ſuo Padre nel 1481.

Non minus æternum ex Aquivivo habet Hadria nomen,
Nobilis immenſo quam dedit ipſa Mari.

Adde

Adde freto suus est supero quod terminus, ille
Nec limes tellus ulla, nec unda datur.
Nam Musis ubi honos, Martique, Togæque manebit,
Et lucebit ubi Sol, Aquivivus erit.

Dedito egli per la cura del Padre da' teneri anni alle più culte discipline fece progressi tali, che meritò occupare il primo luogo nelle più celebri Accademie di Europa. Onde non fu mai contento averlo a bastanza lodato il Sannazzaro per lo amore, e venerazione avuta del suo nome, e però così scrisse.

Mæsta Bituntinæ duxerunt otia Nymphæ,
Nec Faunis solitos exhibuere choros.
Scilicet optato quicquid sine Principe cernunt,
Ingratum est, tantus Principis urget amor.
Nec satis est, positis arcum sprevisse sagittis
Quæstubus & totos continuasse dies.
Ast etiam nostris faciunt convitia terris:
Et nos Syrenas, Lothophagosque vocant.
Vera loquor: Divæ veniam date vera loquenti,
Non amor hic certe, sed magis invidia est.

Egli il primo tradusse la *Morale di Plutarco* dal greco in latino, e compose il bello, e dotto libro intitolato l'*Enciclopedia*, che con molte altre opere furono stampate in Napoli nel 1526., ed ultimamente nel 1609. in Francfort. E Giovanni Latomo seguendo gl' infiniti elogj, che del Duca di Atri Andrea Matteo appalesò al Mondo tutto Paolo Giovio, in tal guisa cantò ne' suoi Poemi,

Opere del Duca Andrea Matteo, e stima grande di lui per la sua rara letteratura presso tutti.

Dum gravis incumbit sævos Aquivivus in hostes
Vincendique aperit dextra, animoque viam:
Contigit interea lustrantem castra Gradivum,
Arma ubi penderent, non sua ferre pedem.

Sol-

Solvit, pertentat: vocis modulamine captus,
  Perstitit invitam sollicitare chelyn.
At veritus Dominum mox hostibus adfore fusis:
  Ille quidem vincat, sed capiatur, ait.
Quid vesene tibi pro talibus imprecer ausis?
  Ni citharam ut quantum classica semper ames.

Fin dal risorgimento delle lettere in Italia fu questo Duca il Promotore delle scienze. Perciò il Pontano a lui dedicò i due libri *de Magnanimitate*, ed il primo *de rebus cœlestibus*. Tutti gli altri Lettori dell'Accademia del Pontano gli renderono estremi onori. Pietro Summonte fece lo stesso, che il Pontano, lodandolo, e dedicandogli le sue opere. Alesandro d'Alesandro gli dedicò i suoi libri de' *Giorni Geniali*. Il Minturno nel libro de' suoi Epigrammi, e tanti altri rapportati dal Nicodemo non finiscono di altamente lodarlo. Ne parlano le Nazioni oltramontane, e sopra tutto i Francesi con singolar stima del Duca Andrea Matteo, scrivendo i seguenti due versi.

Favori de Pallas quelque nom, qu' on lui donne,
  Ou celui de Minerve ou celui de Bellone.

Ed a lui come Mecenate, e Protettore delle scienze ricorsero i letterati tutti de' suoi tempi. Nè lasciò fra tante sollecitudini gli studj della politica, e della guerra, sicome colla solita sua eleganza, e spirito lo espresse il famoso Poeta Sannazaro con il seguente Epigramma.

Cernis ut exultet patriis Aquivivus in armis,
  Duraque spumanti frena relaxet equo?
Quis mites illum Permessi hausisse liquores
  Credat, & imbelles excoluisse lyras?
Consurgent niveæ fulgenti casside cristæ:
  Aut clypeus torvo Gorgonis ore tumet.

Matte

Macte animo, rigidum Musas, qui stringere ferrum,
Qui Martem doctos cogis amare choros.
Hæc Ducis est virtus, non uni insistere palmæ,
Sed nomen factis quærere, & ingeniis.

In tutto ciò avendo dato segni manifesti della sua gran perizia, sicome gli conciliarono l'affetto, e la stima de' popoli, così gli concitarono contro l'odio de' suoi emuli, e nemici. Perlochè scovertosi la gran congiura de' Baroni del Regno scritta dal celebre *Camillo Porzio*, ne fu di quella accagionato anche il Duca Andrea Matteo. Ma il Re Ferdinando su'l principio non solo non diè orecchio alle accuse de' suoi nemici, ma glie ne contestò tutto il contrario con sua lettera scritta di proprio pugno al Duca, ove così dice: *Principe come figlio, ricordomi molte volte avervi detto, e dichiarato esser mia ferma volontà donarvi, e restituirvi Teramo, sicome conosco esser tenuto sì per la grazia, e privilegio ve ne ho fatto già spacciare, sì ancora per l'ottimi servigi ricevuti da voi, e da tutta la Casa vostra, ed in speciale la buona dimostrazione avuta in questa presente novità. E come vi dovete ricordare, molte volte vi ho detto, che non stessivo mal contento della dilazione ho fatto in darvi la possessione di quella Città, non per altro, se non per aspettare tempo più congruo, e conveniente ad eseguire il mio desiderio, il quale, come sapete, molte volte non si può eseguire, e bisogna noi altri Principi spesse volte per molti rispetti comportarle; dove parendone al presente esser venuto il detto tempo commodo per potere sodisfare al vostro, e mio desiderio; ho voluto scrivere la presente di mia propria mano, per la quale vi dichiaro, e certifico indubitatamente, che mò, e lo più presto sia possibile vi farò dare la possessione di detta Città, e per sodisfare all'animo vostro, e oltre il*
pri-

Per invidia de' suoi nemici viene il Duca Andrea Matteo accusato presso il Re Ferdinando.

Lettera scritta dal Re Ferdinando di suo proprio pugno, e mandata per espresso al Duca di Atri, in cui il Re attesta la stima, che aveva di lui, e della sua Casa.

privilegio ne avete, ho voluto con questa ratificare, e con-
fermare, ed accettare tutto quello vi ho promesso, voglio
possiate tenere, oltre le altre tenete per vostra cautela, e
così nel principio, e soprascritto de la presente ve ne inti-
tulo di mia propria mano. Vivete adunque contento, che
mediante il grande amore sempre vi ho portato, e vi porto,
e le virtù vostre, sempre faremo cosa, che vi piacerà, e
donarete fede ad Angelo di quanto da mia parte vi dirà, al
quale più lungo ho parlato; scritta di mia propria mano in
Foggia li 27. Settembre. Rex Ferdinandus.

Ma crescendo tuttavia i sospetti de' suoi contrarj,
che lo guardavano mal volentieri così caro al suo Re,
o per altra cagione, come il Porzio nella sua istoria dimostra, fu alla fine messo ancor egli in arresto. Ed avendo i pensieri de' congiurati avuto un' infelice riuscita,
de' quali la maggior parte fu crudelissimamente morta,
nondimeno e per la memoria de' servigj, e da lui, e da
suo padre fatti al Re, e perchè essendo egli allevato da
fanciullo nella Casa Reale, come anche perchè si sco-
prirono gl'inganni del Conte di Carinola, furono motivi sì forti, che Ferdinando stesso facesse istanza al Duca
di Calabria suo figliuolo, che il Duca di Atri non si
dovesse far morire, ma toltogli tutta, o la maggior parte de' stati, lasciarlo libero. *E perchè nò,* disse il Duca al
Re suo padre, *se vogliamo lasciarli la vita, non gli conce-*
diamo ancora la robba? La qual cosa intese il Re con animo assai lieto, e così fu eseguito, e rimesso nell' antica
fortuna, e splendore. E quantunque egli fosse stato
sempre fedelissimo così al Re Ferdinando, ed al Re Al-
fonso suo figliuolo, come al giovine Ferdinando suo
nipote, l'acerbità de' tempi però l'involse sempre in
nuovi imbarazzi. Poichè mosso Carlo VIII. con poten-

Il Duca Andrea
Matteo vien posto
in arresto.

Il Re istesso facen-
do istanza al Duca
di Calabria suo fi-
gliuolo pone in li-
bertà il Duca.

E'l Duca di Cala-
bria gli fa accor-
dare dal Re suo
Padre anche la re-
stituzione de' suoi
stati.

Il Duca Andrea
Matteo involto di
nuovo ne' partiti
per necessità di
quei tempi.

te

te efercito di Francia prefe egli il Duca le armi in fervizio di Ferdinando, e con Cefare d'Aragona fuo congiunto, e Bartolomeo d'Alviano, come il Giovio racconta, fu deftinato al comando di tremila fanti, e cinquecento uomini d'arme, i quali paffarono dall' Apruzzi in Puglia fu l'idea di fermarfi in Brindefi, Otranto, e Taranto, e quindi follecitare i Veneziani, ed i Siciliani Spagnuoli con nuove amicizie alla difefa del Regno. Ma effendo tutti i preparamenti di quel Re riufciti vani, ed inutili, e divenuto già affoluto Signore del Reame il Re Carlo, convenne al Duca Andrea Matteo cedere al tempo, ed infieme cogli altri Baroni paffar fotto le infegne del Vincitore. Ma appena ritornato di Sicilia a ricoverare prodigiofamente Ferdinando con foli cento uomini di fuo feguito il Regno, entrò l'efercito del Duca d'Urbino in Apruzzi nell'anno 1496., e diè fubito fopra gli ftati del Duca di Atri. Quindi feguita di là a poco la vittoria del Re Ferdinando, la morte fua, la fucceffione del Regno a Federico, la fua cacciata, la vittoria de' Spagnuoli, e de' Francefi, e la divifione del Regno tra quelle due nazioni feguitò il Duca Andrea Matteo, effendo toccata la Città di Napoli al Re Ludovico XII., con imparegiabil coftanza come fuo Padrone le parti degli Angioini, ancorchè egli aveffe incontrato, come fu quafi ordinario in tutte le fue azzioni, contraria la fortuna al valore, ed alla prudenza fua. Onde di lui così ragiona il Guicciardini nell'iftoria d'Italia, che avendo il Duca di Atri, e Luigi di Ars uno de' Capitani Francefi, che avevano le lor genti fparfe in terra di Otranto, deliberato di andare infieme ad unirfi col Vicerè, perchè prefentivano, che Pietro Navarro con molti fanti

Spa-

Il Duca di Atri Andrea Matteo deftinato al comando di truppe Spagnuole contro l'efercito di Carlo VIII. Re di Francia.

Effendo rimafto il Re Carlo VIII. padrone del Regno, paffa il Duca Andrea Matteo alla fua ubbidienza.

Il Duca di Urbino col fuo efercito cótro gli ftati del Duca di Atri.

Fatta la divifione del Regno tra Francefi, e Spagnuoli, e toccata la Città di Napoli a' Francefi, il Duca di Atri Andrea Matteo fiegue il partito di quefti per il giuramento di fedeltà preftatogli.

Il Duca di Atri al comádo delle truppe Francefi in terra di Otranto.

Spagnuoli era in luogo di potergli nuocere, se fossero andati separati, accadde, che Luigi di Ars avendo opportunità di condursi sicuro da sè stesso, partì senza curarsi del pericolo del Duca di Atri, il quale rimase solo; ed essendo pervenuto a notizia, che il Navarro si era mosso verso Matera per andare ad unirsi con Consalvo, si mosse ancor esso in camino con la sua gente. Ma non bastavano i consigli umani per resistere alla fortuna; perchè avendo gli uomini di Rutigliano, i quali in quei medesimi giorni si erano liberati da' Francesi, chiamato Pietro Navarro, e perciò egli volgendosi dal camino cominciato di Matera verso Rutigliano, si scontrò col Duca di Atri, il quale spaventato di questo accidente, stette sospeso di quello avesse a fare; pure non essendo sicura in tutto la ritirata, e confidandosi, che se bene era inferiore di numero di fanti, aveva però più cavalli, e stimando che la fanteria Spagnuola per aver la notte fatto lungo camino, fosse stanca, con intrepidezza, e costanza appiccò la battaglia, nella quale essendosi da ogni parte combattuto valentemente, fu alla fine rotta la sua gente, morto Gio: Antonio Acquaviva suo zio, ed egli nell' anno 1503. fatto prigione. Fu per questa cagione tenuto lungo tempo prigione il Duca nel Castello di Napoli, ove dice il Giovio, che egli fece i suoi studj, insino che contratto matrimonio con il Re Cattolico, e Madama germana de Fois figliuola di una sorella del Re di Francia, fra gli altri capitoli si patteggiò, che i Baroni Angioini, e tutti quei che avevano seguitato la parte Franzese, fussero restituiti senza pagamento alcuno nella libertà, alla Patria, ed a' loro stati. E particolarmente osserva il Guicciardini, che tra primi fu il Duca di Atri. Oltre

tre

Assalito il Duca dall' esercito Spagnuolo gli fa fronte.

E si dispone a combattere quantunque inferiore di forze.

E fatto prigione il Duca di Atri nella battaglia, e condotto in Napoli attende egli soliti suoi studj.

Fatta la pace tra gli Angioini, e gli Aragonesi egli recupera la sua libertà e gli suoi stati.

Egli il Duca si ritrovò in tutte le battaglie accadute nel Regno.

tre a questo si ritrovò egli a mille incontri, ed in venti e più battaglie formali, nelle quali egli fe le parti di un invitto, e magnanimo Capitano, ed è quasi incredib ile con quanto valore, prudenza, e destrezza si segnalasse. Grave alla fine di età, e dopo varie vicende della fortuna nel suol patrio ridottosi, altro piacere non rinveniva, sicome lo attesta egli medesimo in una sua lettera al Principe di Melfi suo cugino, che quello degli studj, onde negli affari di stato fu sommamente reputato.

Negli affari di stato fu anche sommamente ricercato, e seguitato il suo parere, sicome fra gli altri accidenti avvenne dopo la morte del Re Cattolico per la successione al Regno del suo nipote Carlo V. di Austria,

Poichè succeduta la morte del Re Cattolico nell' anno 1515. e non essendo lo stato delle cose senza qualche turbazione per la successione del nuovo Re Carlo nipote del Cattolico, che creato Imperadore fu poi chiamato Carlo V. mostrò il Duca ed in privati, ed in pubblici raggionamenti essere cosa non meno sciocca, che dannosa il pensare di havere altro Signore che Carlo. Ed a lui per la dottrina, e prudenza sua, e per lo credito grande, che presso tutti erasi acquistato, fu prestata intera fede, e seguitato generalmente il suo consiglio. Delle due mogli che egli ebbe, la prima fu Isabella di Aragona Piccolomini figlia del Duca di Amalfi nipote del Papa Pio II. che nata era dalla figlia del Re Ferdinando di Aragona. E celebraronsi i sponsali colla più distinta, e Real pompa, che siasi giammai praticata, nella Città di Fano coll' intervento dell' istesso Re, e del nipote del Papa; ed in nome del Duca di Atri il Cavaliere Angelo da Durante di Messagna.

Prima moglie del Duca Andrea Matteo fu Isabella di Aragona Piccolomini nipote di Pio II. e del Re Ferdinando di Aragona, e si celebrarono i sponsali in Fano con pompa Reale.

La seconda moglie fu Catarina della Ratta stata moglie di Cesare di Aragona, erede dello stato di Caserta.

La seconda poi Catarina della Ratta figliuola ed erede di Giovanni Conte di Caserta, e già stata moglie di Cesare di Aragona figliuolo del Re Ferdinando. Ebbe in dote quel Contado, e passata all' altra vita, in forma Regia fu sepolta nella Chiesa di S. Francesco di Napoli col seguente epitaffio

Ca-

Catherina de la Rata, familia, & morum probitate infi-
gnis, cujus majorum primus ab Hifpania Betica, Didacus
nobiliffimus vir in hoc Regno fub Roberto Rege, Montorii,
Cafertæque Comes, ac magnus Camerarius, & in Hetruria,
ac in Provincia Galliæ, ejufdem Regis Vicarius. Ipfa ve-
ro ex fraterna fucceffione, Cafertæ, Alexani, & Sanctaga-
tæ Comitiffa, ac aliorum Domina, mortuo D. Cæfare Ara-
goneo Ferdinandi Regis filio, ejus primo viro, nupta ite-
rum Andreæ Matthæo de Aquaviva Adriæ Duci, abfque
prole ad fuperos migravit. Anno Domini 1511.

Da quefta sì pingue eredità venne egli a fignoreggiare
i più ragguardevoli feudi in tutte le Provincie del Regno. Onde egli non deve fembrare ftrano ciò che riferifce l'Ammirato di quefto Duca, che egli per nobiltà
di fangue, per le immenfe ricchezze, e per la vaftiffima fignoria con magnificenza reale fopra ogni altro Barone d'Italia fplendidamente viveffe.

Grandezze del Du-
ca di Atri Andrea
Matteo, per cui fi
diftinfe fopra tutti
gli altri Baroni di
quel tempo.

  Con la prima fua moglie l'Aragonefa Piccolomi-
nea procreò il Duca Andrea Matteo più figliuoli, e di
quelli avuto nipoti, e grave in età di fettantadue anni
fecondo alcuni, e fecondo altri di novantafette, vidde
la fua cafa piena di titoli, e di grandezza Reale, per-
ciocchè oltre i fratelli, uno Duca di Nardò, e l'altro
Ecclefiaftico, egli ebbe il fuo primogenito Marchefe
di Bitonto, e già il figliuolo nato di lui Conte di Converfano, il fecondogenito Conte di Gioja, la qual
felicità continuando ancora dopo fua morte, Gio: Vincenzo ultimo de' figliuoli fu creato Cardinale da Paolo
III. E per veder finalmente la ftima grande, che di lui ancor vivente fi ebbe dagli uomini illuftri di fua ftagione,
bafterà offervare la medaglia, che gli fecero intagliare,
  Per ifcolpirlo immaginando in parte.

Medaglia fcolpita
fin dal 1470. al Du-
ca Andrea Mat-
teo.

            Nè

Fratello del Duca Andrea Matteo Belifario Duca di Nardò gran Capitano, e letterato di quell'età.

Rimette nel poffeffo del Regno il Re Ferdinando II. di Aragona, per cui ebbe in dono Converfano, è Cafamaffima.

In luogo di Converfano, e Cafamaffima, che fpettavano al Duca di Atri fuo fratello, gli è donato lo ftato di Nardò.

Nè quì è uopo tralafciare il fratello del Duca Andrea Matteo Belifario Duca di Nardò, fignore per le arti della pace, e della guerra degno più di ammirazione, che di lode. Effendo egli fecondogenito del Conte Giulio, che morì in Otranto Generale di quella impresa; quando il Re Ferrante II. ritornò di Sicilia in Napoli, fattofi egli capo di molti Cavalieri, fi ftudiò a rìmetterlo nella Città combattendo valorofamente contro l'efercito del Monpenfieri, per la di cui opera ebbe dal Re Converfano, e Cafamaffima Terra già poffeduta dal fratello Andrea Matteo Duca di Atri, ed un altro fuo collega chiamato Tramontana ebbe Matera col titolo di Conte, il quale fu ucciso da' vaffalli colle medefime Alabarde della fua guardia, che ftavano alle porte. Mà effendo fucceduto molto prefto al giovine Ferdinando il Re Federico fuo zio volendo egli riconciliarfi coloro, che avevano feguitato le parti Franzefi, ritornò lo ftato ad Andrea Matteo, ed a Belifario in luogo di Converfano, e di Cafamaffima donò Nardò colle fue pertinenze. Affezionato in tal guifa alla generofità mirabile del Re Aragonefe, fucceduta la guerra fra il gran Capitano el Duca di Namours Generale de' Franzefi,

zefi, fi ritrovò dentro Barletta comandando le truppe del Re Cattolico, ed indi ufcito colla fua gente volle effere prefente nella famofa giornata della Cirignola, ed a quella del Garigliano. Per la qual cofa dal Re Cattolico ritornato in Napoli ottenne le feconde caufe, el titolo di Marchefe.

Varie imprefe del Duca Belifario a favore del Re di Spagna.

Ed appena chiamato alla vafta Monarchia Spagnuola il Re Carlo di Auftria per teftamento del Re Cattolico fuo zio penfò di aggiungere nuovi fplendori a Belifario, con dichiararlo Duca di Nardò, efpreffamente dicendo il Re nel fuo difpaccio effere a lui dovuta la recuperazione del Regno, e lo intitola Belifario *Aragona di Acquaviva*. Perciò al vivo ci moftra il fuo valore l'Arcipoeta Monopolitano Camillo Querna nel libro 1, delle guerre di Napoli ne' feguenti verfi.

L' Imperadore Carlo V. dichiarando Belifario Acquaviva Duca di Nardò efpreffamente dice nel difpaccio, a lui effer dovuta la recuperazione del Regno di Napoli.

Non Acquivivus abeft Belifarius, optima pandens,
Virtutis monimenta fuæ. Fidiffima magni
Corda gerens Caroli titulis, difcedere nunquam
Partenope voluit, tanta eft conftantia fortis,
Et virtus animi, nullo fub tempore pallens.

Mà fe negli affari della guerra riufcì valorofo, ed affai, non fu minore del fratello nel meftier delle lettere, ed in tal maniera ne celebrò il nome fuo l'infigne Poeta Girolamo Carbone in due foli verfi mandati al famofo Medico, e Filofofo Agoftino Nipho,

Namque videre juvat duplici fua tempora fronde,
Et Phebi, & Martis, Dux Aquaviva premi.

Avendoci lafciato trà le altre infigne opere accennate nella noftra Iftoria Latina un trattato del duello, che e ftato reputato da' più favj di Europa opera non fol compita, e prima degli altri da lui tentata, ma di fingolar dottrina ricolma. Per cotante fue ottime qualità
fu

fu caro a **Leone X.** ad **Adriano VI.** e **Clemente VII.** e pervenuto che fu al Pontificato **Paolo III.** con cui paſſava vincolo ſtretto di parentela gli volle far Cardinale Giacomo Antonio ſuo fratello. I letterati di quei tempi furono il divertimento ſuo, e la converſazione nell' ozio della pace, onde il Sanazzaro gli ſcriſſe quel bello Epigramma del *lauro*, il Galateo nella ſua argonautica il fa Giaſone, il Gravina lo coſtituiſce per eſemplare de' Signori, ed il famoſo Poeta Gio: Matteo Toſcano nel peplo d'Italia l'uguaglia ragionevolmente al Duca Andrea Matteo ſuo fratello con queſto nobiliſſimo Epigramma

Quàm non Marte minus Muſæ ſint Principe dignæ,
   Gentis Aquiviva gloria bina docet.
Frater uterque ſuis cumularunt ſceptra tropheis,
   Ornavit libris frater uterque ſuis.
Nunc calamo eſt gravis, enſe manus nunc: ritè colore
   Tingitur hic rubro, tingitur ille nigro.
Claſſica nunc animos ſtimulant, nunc barbita mulcent:
   Quodque caput caſſis, mox ſua ſerta tegunt.
Duplex ergo tuum gemini decus Adria fratres
   Nobilitantque ſago, nobilitantque toga.

Egli alloggiò in Nardò la Ducheſſa di Milano con Bona ſua figlia, che fu poi Reina di Polonia, più toſto con apparato, e liberalità Regia, che da privato Signore. Dalla ſua moglie Sveva Sanſeverina figliuola di Geronimo Principe di Biſignano il più ricco Barone del Regno, ebbe più figliuoli, che formarono la Caſa di Nardò ſeparata da quella di Atri, fin tanto che fu congiunta a quella de' Conti di Converſano, come ſi oſſerverà in appreſſo. Delle femine ſtate anche di lui figlie, Adriana fu maritata a Ferrante Caſtriota Duca di S. Pietro in

Ga-

Galatina nipote del grande Scanderbech, la seconda
chiamata Diana a Ferrante Spinello Duca di Caſtrovil-
lari, la terza anche Diana al Marcheſe di Meſuraca, e
la quarta Antonia al famoſo Gio: Battiſta della Marra.

Giovan Berardino Duca di Nardò II. ſuo primogenito ebbe veramente quell' aſpetto ſignorile, e quell'
aria nobiliſſima, che ſi vedeva nel Duca di Atri, nel
rinomato Marcheſe del Vaſto, e nel Principe di Biſignano ſuoi cugini. Fu egli maraviglioſamente dotato di
forze corporali. Quando il Regno fu invaſo dalle armi
di Lautrech egli ritrovoſſi alla difeſa di Taranto, e gli
convenne eſſere ſempre alle mani con nemici, che allog-
giavano alle Grottaglie. Fu poi deſtinato intervenire
con principali Signori del Regno alla coronazione di
Carlo V. in Bologna, che appena veduto gli ordinò che
ſi copriſſe; e quando giunſe in Napoli l'Imperadore ri-
conoſciutolo di lontano voltoſſi a' ſuoi famigliari dicendo *Eſte es el Duque de Nardò*. E tanta ſtima ſi aveva
di lui per l'eſercizio delle coſe militari, che ebbe a dire il famoſo Marcheſe di Peſcara all' Imperadore, che
ſe ſi aveſſe avuto a combattere con alcuno a corpo a corpo, egli non avverebbe preſcelto altri in tutto il mondo, che il Duca di Nardò. Ritiroſſi egli alla fine in
Nardò, e fatta una delizioſiſſima villa fuori della Città,
nel giorno de' 25. di Agoſto dell' anno 1541. aſſalito
all' improviſo da' Corſali Turchi, e deſtato dal ſonno,
mentre voleva per un ponte ritirarſi nella vicina Torre, come a Dio piacque, il ponte ſi ruppe, ed' egli reſtò preda de' Turchi ſemivivo a terra. Non conoſciuto
da' Turchi fu laſciato eſtinto ſul ſuolo, la di cui morte
ſu compaſſionata da tutti. Da Giovanna Gaetana ſua
moglie, che gli fe erigere ſontuoſo mauſoleo dopo ſua

K   mor-

Gio. Berardino
Duca di NardòII.
figlio primogenito
del DucaBeliſario.

Mirabile ſi reſe in
Europa per la ſua
robuſtezza corpo-
rale, e pel valor
militare.

Carlo V. Impera-
dore vedendolo in
Bologna gli ordi-
nò, che ſi copriſſe
ſubito per la ſtima
che aveva della
ſua caſa.

Elogio del Mar-
cheſe di Peſcara al
Duca di Nardò.

Il Duca aſſalito in
ſua caſa da' Tur-
chi reſta morto.

Francefco Duca di
Nardò III.

morte , ebbe D. Francefco unico figliuolo Duca di
Nardò III.

Quefti allevato negli efercizj militari , fu da giovinetto impiegato in varie fpedizioni fpecialmente in
quella di Oftia fotto l'infegna del Duca d' Alba , donde ritiratofi alla patria, attefe egli a vindicare la morte
del padre per effer ftato Comandante generale nelle,
marine dell' Adriatico contro Turchi. Da Ifabella Ca-
ftriota ebbe Gio: Bernardino Duca di Nardò IV. in cui
tutto ciò , che nella pace , e nella guerra e da defide-
rarfi in un Cavaliere , ampiamente riduffe . Da Catarina Toralda figlia del Marchefe di Putignano , e nipote del Pontefice Paolo IV. ebbe molti figliuoli , de'
quali il primo Belifario maritatofi ebbe una ricchiffima
dote, da cui crefciuta oltre modo in ricchezze la cafa ,
fi vidde poi a tempi del Duca di Atri Gio: Girolamo
unita a quella dell' infigne Conte di Converfano per
mezzo del fecondogenito dell' ifteffo Duca di Atri chiamato Adriano , che col confenfo del primogenito Alberto conftituì quefta sì gloriofa cafa .

Gio. Berardino II.
Duca di Nardò IV.

Dietro a quefti sì rari efempli de' congionti , e de'
maggiori fuoi correndo il figlio primogenito del Duca
Andrea Matteo Gio. Francefco Marchefe di Bitonto ,
fu dal confenfo univerfale delle genti riputato di fua
famiglia onor grande , e fingolare, Io che quefta mia
iftoria vien drittamente a ferire , quindi di lui , prima
che io paffi avanti , particolarmente fa luogo di ragionare .

Gio. Francefco pri-
mogenito del Duca
di Atri Andrea
Matteo deftinato
alla propagazione
di fua cafa .

Fu egli deftinato alla propagazione della cafa , ed
a quefto effetto fu maritato con Dorotea Gonzaga figlia
di Federico Duca di Mantoa , e di Antonia del Balzo ,
da cui procreò, vivente ancora il padre, Giulio Antonio

Prende per moglie
Dorotea Gonzaga
figliuola del Duca
di Mantoa .

fat-

fatto Conte di Converfano, ed Ifabella, che fi maritò con Errigo Pandone Duca di Briano. Avendo in tanto Gio: Francefco ricevuto groffa mercede di dieci mila ducati dal Re Cattolico, attefe unicamente a renderfi grato alla Real fua munificenza. Onde moffa la guerra in Italia da' Franzefi unitamente col gran Capitano, Pietro Navarro, Fabrizio Colonna, el Marchefe di Pefcara fi portò in Romagna, ed unitofi coll' efercito del Pontefice Giulio II. trà le molte azzioni militari, fi ritrovò nella famofa battaglia di Ravenna il giorno di Pentecofte del 1512. Ove valorofamente combattendo co' Franzefi concilioffi facilmente l'amore, e la ftima di tutte le nazioni guerreggianti. Poichè effendo molti de' collegati ne' primi movimenti della battaglia morti a fronte de' Franzefi, fi teneva anche la gente Spagnuola e Pontificia nella fua ordinanza con le fue bandiere. Ma il rumore, ftrepito, e valore de' Franzefi urtando dalle fpalle, e di verfo il campo, e da' lati ad un tratto, e l'affalto nel tempo medefimo, prima pofe in difordine, poi in volta l'efercito collegato. E quelli, i quali erano nella fronte col Marchefe di Bitonto intorno agli ftendardi, furono quafi tutti crudelmente trucidati, e gli altri meffi in fuga. Ma quante migliaja di Spagnuoli, e d'Italiani quel dì vi reftaffero morti, niuno lo potrà affermare per cofa certa. Il vincitore s'infignorì del campo, e della preda, tra' quali furono i più rinomati Capitani di Europa. Fra la moltitudine de' morti femivivo fu ritrovato il Marchefe Gio: Francefco Acquaviva. Rifcattato egli di mano de' Franzefi dal Duca Andrea Matteo fuo padre con groffo sborfo di moneta, e ritornato in Napoli col cerebro tutto infranto, ordinò il Re Cattolico al Vice-Re D. Raimon-

K 2   do

Il fuo figliuolo Giulio Antonio vien fatto Conte di Converfano dal Duca di Atri Andrea Matteo fuo nonno.

Gio. Francefco Marchefe di Bitonto pafsò a militare in Italia contro Franzefi per il Re Cattolico, ed il Papa.

Singolare valore del Marchefe di Bitonto nella battaglia di Ravenna.

Ritornato in Napoli il Marchefe di Bitonto è vifitato per ordine del Re Cattolico dal Vice-Re.

do di Cardona di andarlo a visitare in suo nome . E 'l Pontefice Giulio II. per rimeritare in parte il suo singolar valore gli diè la facoltà di poter egli coprirsi il capo fatto tutto in pezzi e scoverto fino nella sostanza del cerebro con tre barette nella Chiesa , e che ove egli dimorava alle vicine Chiese si proibisse qualsisia suono di campane .

Privilegj conceduti dal Pontefice Giulio II. al Marchese per benemerenza de' servigi prestati alla Santa Sede , ed alla Corona di Spagna , nell' esercito della lega .

In tanto Giulio Antonio I. suo figliuolo , essendo ancor vivo Andrea Matteo suo nonno , fatto Conte di Conversano , egli fu che stabilì separatamente questa splendidissima casa ; e benchè non potesse succedere alla signoria di Atri che fu data a Gio: Antonio Conte di Giosia secondogenito di Andrea Matteo , si congiunse tuttavia con Anna Gambacorta nobilissima Dama Napolitana , la quale gli partorì due maschi Gio: Francesco II. e Baldasarre ; de' quali il destino fu molto diverso , sicome diverse furono le fazioni , alle quali si accostarono .

Giulio Antonio I. suo figliuolo Conte di Conversano fa casa separata dal Duca di Atri , vivente il quale morì il Marchese di Bitonto suo padre .

Il Primogenito Gio: Francesco II. sperando conseguir per mezzo de' Francesi la fortuna di ricoverare i suoi perduti stati , che credeva a se come primogenito si appartenessero , toltosi dagli agi della casa paterna ancor giovinetto si volse alla parte Angioina , chiamandosi in Francia sempre Duca di Atri , e ne rende pienà testimonianza l'Ammirato, essere egli stato a' tempi suoi da Arrigo II. Re di Francia creato Cavaliere dell'Ordine di S. Spirito , ed aver comandato diverse compagnie di uomini d'arme , aver avuto grossa pensione , e la Signoria di Bria , e di Conterebor sei leghe presso a Parigi . E dopo essere stato impiegato in varie , e diverse rimarchevoli spedizioni morì in Francia di età d'intorno a cinquant'anni , e dalla sua moglie Camilla Ca-

Gio: Francesco II. Primogenito di Giulio Antonio seguita il partito Francese .

In Francia viene grandemente rimunerato, ed onoraro .

rac-

racciola figliuola del Principe di Melfi lasciò Giosia maschio, ed una fanciulla chiamata Anna, la quale allevata dalla chiariffima a tutto il mondo Catarina de' Medici Regina di Francia, fu poi maritata a Ludovico Diacetto Cavaliere Fiorentino Conte di Castel Villano parente della Regina medesima. Giosia, il quale nella morte del padre era restato piccol fanciullo fu dal Re Carlo IX. commesso, che fosse sotto diligente custodia nudrito nel suo gabinetto in compagnia di Errico suo fratello, che fu poi Gran Priore di Francia, ma mortofi di tredici anni, non fu in istato di godere i beneficj della liberalità Francese.

Miglior fortuna fu quella di Baldasarre Acquaviva suo secondogenito di Giulio Antonio Conte di Converfano, imperocchè attese colla sua diligenza, e studio a risarcire i tanti danni, e le tante perdite fatte da' suoi Maggiori. Nientedimeno egli come il fratello, dedito al mestiere della guerra, e per la fedeltà del partito Spagnuolo, che aveva abbracciato, militò contro il fratello ne' confini del Regno contro l'esercito del Duca di Guisa. E nella guerra mossa contro del Regno dalle armi di Papa Paolo IV. avendo egli levato a sue proprie spese dugento cavalli, e cinquecento fanti, egli fu che tenne indietro ne' confini dell'Apruzzi le armi Pontificie, onde il Duca d'Alva non potè non appalesarne al Re Filippo II. la maravigliosa sua condotta. Per cui grandemente reputato dalla Corte di Spagna, in breve divenne in istato tale, che potè dal Re ricevere il titolo di Marchese di Bellante. Era anche a lui infieme col nome proprio pervenuto lo stato di Caferta per sì fatto modo, che lasciò a' figliuoli comodità di poter passare a titoli maggiori. Di Geronima Gae-

Gaetana gli nacquero quattro figliuoli maschi, de' quali sono piene le memorie istoriche del Regno.

Giulio Antonio II. figliuolo Primogenito di Baldasarre Marchese di Bellante è dichiarato Principe di Caserta.

Francesco secondogenito di Baldasarre Comandante di tremila fanti Spagnuoli, in Calabria contro Turchi.

Marcello terzogenito Arcivescovo di Otranto, fatto Nunzio in Venezia da Sisto V.

E per affari di Spagna, e d'Italia passa in Savoja, e fa riconciliare questa Corte con quella di Francia.

Figliuoli di Giulio Antonio II.

Quello che i tempi concedono in una universale quiete, e tranquillità d'Italia, di accrescersi nell'ombra della pace di splendori, e di ricchezze, conseguì pienamente Giulio Antonio II. primogenito di Baldasarre Marchese di Bellante, avendo egli dal Re Filippo II. ottenuto il titolo di Principe sopra Caserta. Suoi fratelli furono Francesco, e Marcello, il primo dedito alla milizia fu fatto Comandante di duemila fanti nella Calabria per impedire le continue crudelissime scorrerie de' Turchi che in quella stagione il Regno fieramente travagliavano. El secondo Marcello fatto Arcivescovo di Otranto si refe molto cospicuo per il decoro restituito alla disciplina Ecclesiastica. Passato poi in Venezia Nunzio Apostolico del Pontefice Sisto V., incontrò in special maniera il genio di quel severissimo Pontefice, onde di là non molto per gravissime urgenze d'Italia, della Spagna, e della Corte di Roma fu mandato in Savoja, e la sua mirabile destrezza, autorità, e sapere giovò non poco alla riconciliazione di quella Corte con la Francia.

Intanto dopo la morte del padre imparentandosi Giulio Antonio con Vittoria della Noi sorella de' due Principi di Sulmona D. Carlo, e D. Orazio, gli nacquero più figliuoli, i quali tutti accrebbero considerabilmente lo splendore del suo nome. Andrea Matteo IV. fu Principe di Caserta II., e Marchese di Bellante III., Baldasarre II. fu Tesoriere del Regno, Carlo, e Pietro Capitani di quel tempo invittissimi. Ma quel che dicesi di Andrea Matteo primogenito è così maraviglioso, e singolare, che quantunque egli formasse un

ramo

ramo cadetto della Casa, fu però riputato il più ricco Signore, che fosse in quella stagione nel Regno. Portatosi in Spagna con la Contessa di Lemos sua congionta, traffe a fe l'ammirazione di tutti; poichè in quella ricchissima Monarchia non vi fu Signore, che non venisse ad ammirare le sue tapezzerie superbissime, e le ricchezze fin' allora in altri Signori non osservate. Oltre a ciò in particolar stima tenuto dal Re Filippo II. fu da quello gratificato con annua pensione di cinquemila docati. Perciò passò in Fiandra a militare nelle truppe Spagnuole, e d'indi si portò all'assedio di Timberga. Di dove chiamato dall' Imperadore Massimiliano II. andò nella Gheldria, ed al suo comando fu commesso l'assedio di Grolla, che con mirabil valore espugnò, ed alla divozion di Cesare riduffe. Perlochè con segni di particolar onore accolto dall' Imperadore, maritossi con la Principessa Anna Polissena Preneftain Contessa di Funftembergh, congionta in sangue coll' istesso Imperadore, e con pompa regia, e singolare ricevè dalle mani dell'Arciduca Alberto d'Austria la nobile insegna del Toson d'Oro. Ritornato in Napoli, quantunque avesse avuto varie controversie sopra il Principato di Caserta così dal General Ramirez, che ne aveva avuto la concessione dal Re in tempo della contumacia de' suoi Parenti, come dagli Eredi di Gio: Francesco suo zio, che stava in Francia, fu però con sentenza del Sacro Configlio di Napoli a lui il Principato pienamente aggiudicato. Ed avendo egli avuto una sola figliuola chiamata Anna, la diede per isposa al nobilissimo Duca di Sermoneta Francesco Gaetano, ed in dote il Principato di Caserta; e la sua ricchissima eredità passò in mano de' Signori della Casa di Atri.

E que-

Andrea Matteo suo Primogenito Principe di Caserta fu stimato il più ricco Signore di quel tempo.

Va in Spagna colla Contessa di Lemos, e vi fa una comparsa maravigliosa.

Riceve dal Re Filippo II. una pensione annua di cinquemila docati, e passa a militare in Fiandra.

Chiamato dall' Imperadore Massimiliano II. và nella Gheldria all' affedio di Grolla, che riduce all' ubbidienza di Cesare.

Sposa una Parente dello stesso Imperadore, e riceve dalle mani dell' Arciduca Alberto di Austria il Tosone di Oro.

Ritornato in Napoli ha contese cogli eredi di Gio: Francesco suo zio, che morì in Francia sopra lo stato di Caserta, ma supera tutte le opposizioni per decreto del S. Configlio di Napoli. Marita un unica sua figliuola col Duca di Sermoneta, egli dà in dote lo stato di Caserta.

E quefta è la defcendenza del Primogenito di Andrea Matteo Duca di Atri, onde è da paffare al fecondogenito Gio: Antonio Conte di Gioja.

Morto Gio: Francefco I. Marchefe di Bitonto vivente fuo Padre il Duca di Atri Andrea Matteo, fuccede alla fignoria di Atri Gio: Antonio Conte di Gioja,che occupò il luogo di Primogenito, e fu Duca di Atri IX.

Effendo morto, come fi diffe, Gio:Francefco Marchefe di Bitonto dopo pochi mefi della battaglia di Ravenna, in cui egli fu così mal concio dalle innumerabili ferite nel corpo, e fopra tutto nel capo, le ricchezze tutte, titoli, e fplendori paffarono nel fecondogenito Gio: Antonio Conte di Gioja, che fuccedè nella primogenitura, effendo ancor vivo il Duca Andrea Matteo fuo padre, e fu dichiarato Duca di Atri IX. Signor dotto, e valorofo ancor egli, dopo le perdite de'fuoi Parenti avendo ricuperato tutto ciò che dal Re era ftato pofto in fequeftro per la partenza dal Regno di Gio: Francefco fuo nipote, attefe egli col fenno, e colle opere a rimettere nell'antico luftro il fuo parentado. Quindi egli, fecondo teftimonia l'Atanagio, fu affai dotto, e buono, e con interrotta fucceffione tramandò la coltura delle fcienze, e di tutte le difcipline liberali nella di lui pofterità. E fu quefto propofito non è da tacerfi il celebre fatto di Cellino terra del fuo ftato di Atri. Per decreto del Configlio di Stato in Spagna era ftato donato ad Afcanio Colonna lo ftato di Atri, ed al General Ramirez quello di Caferta. Del qual decreto gravatofi il Duca Andrea Matteo, che ancor viveva nel 1525., nel Configlio Reale, fu revocato l'ordine dato, e rimeffo il Duca Gio: Antonio fuo figliuolo nel primiero fuo pofeffo. Fra tanto il famofo Generale Afcanio Colonna s'incaminò con gente armata verfo lo ftato di Atri, ed accoftatofi a Cellino terra di quello ftato, fe gli oppofero con tanta intrepidezza, e valore le donne tutte del luogo, che non baftò la fua forza a poterla efpugna-

Le Donne di Cellino fi oppongono ad Afcanio Colonna, che viene al poffeffo dello ftato di Atri, e con mirabile valore lo fanno retrocedere, e lafciare l'imprefa.

gna-

gnare, e fu aftretto ad abbandonare l'impresa. El Duca Andrea Matteo unitamente con Gio: Antonio suo figliuolo rimunerò quella terra con general franchigia da qualsisia gabella.

Intanto avendo il Duca Gio: Antonio da Isabella Spinelli procreato più figliuoli, divenne in breve tempo il più fortunato Signore d'Italia. E maritatasi Giulia Acquaviva sua nipote con Bertoldo Farnese contrasse strettissimo vincolo di parentela colle più distinte famiglie d'Italia, e meritò l'amicizia del gran Pontefice Paolo III., e di Clemente VII., co' quali di continuo trattava, come lo prova il Ciacconio nella vita di Clemente VII. Ebbe per fratelli Gio: Battista Capitano insigne di quel tempo, e Gio: Vincenzo, che dal Vescovato di Melfi egregiamente amministrato fu dal Pontefice Paolo III. nel 1542. creato Cardinale del titolo di S. Silvestro, e per fatal disavventura della Chiesa nel 1546. per mutazion d'aria nel mese di Agosto morì in Itri nell'atto, che gran cose meditava a prò della Religione ortodossa combattuta dalle novelle eresie.

Molto più si rendè egli celebre per i suoi figliuoli, tra' quali Gio: Girolamo suo primogenito fu Duca di Atri X. di cui sovente diceva l'Ammirato quel che soleva dirsi di Catone,

Sol egli sà, gl'altri com' ombre volano.

Conciofiachè non solo egli era intendentissimo delle lingue tutte, ma possedeva le scienze in sì fatto modo, come se avesse avuto a leggere negli studj di Pisa, di Bologna, o di Napoli. Nè le severe speculazioni della Filosofia lo allontanavano dalla piacevolezza delle cose poetiche, ed erudite. L'Ammirato gli dedicò le

L   Poe-

Giulia Acquaviva sua nipote si marita con Bertoldo Farnese.

Fratelli del Duca di Atri Gio: Antonio, Gio: Battista Capitano famoso, e Gio: Vincenzo Vescovo di Melfi, e poi Cardinale.

Gio: Girolamo I. Duca di Atri X. figliuolo primogenito del Duca Gio: Antonio.

Il Duca Gio: Girolamo versatissimo in tutte le scienze.

Poesie di Bernardino Rota; ed afcrifse a gran forte, l'Ammirato, il Pontano, ed altri valent'uomini di quel fecolo di aver avuto con efso lui intrinfeca domefti- chezza, e continui congrefsi letterarj; e ci atteftano aver veduto alcune fue terze rime a guifa de' fafti di Ovidio, dove non folo ha campo di fpiegare la fcienza delle Stelle, ma venuto a' dì feftivi della Chiefa, pren- de una bella occafione di materia per la poefia, fenza entrare nelle favolofe braure degli Orlandi, e de' Man- dricardi; onde di lui fra gl' infiniti quafi Scrittori in tal guifa ne favella la famofa Laura Terracina.

Il Duca d'Atri, quel ch' or io non dico
Dirà Donne di voi, con più governo;
Che confervando và lo ftile antico
Di fuoi predeceffori, e'l nome eterno;
Non farà come il mio così mendico,
Nè così rozo, come io ben difcerno,
Ma udir faraffi col famofo ftile
Dal Mauro all' Indo, e dal Danubio a Tile.

Ma non perciò egli fcordatofi, overo trafcurato il pro- prio meftiere del Principe, fu fempre dal Re impiega- to al comando di truppe Spagnuole. Intervenne egli nell' armata della Sacra Lega a' tempi del Pontefice S. Pio, e fu in maniera così diftinta prefcelto che l'opi- nione univerfale, che interpretò le menti altrui, lo fè tenere prefso de' noftrali, e Francefi per uno de' più favj, e più accreditati Capitani, che fiano ftati giamai in Europa. Dovefi creare un Generale degli Avven- turieri, e parendo difficil cofa, dove erano tanti Signo- ri di tutta Europa i più diftinti, e di tanta qualità, tro- var Perfonaggio, a cui fi foggettafsero ubbidire, tra' molti, che dal Papa furon propofti, e rigettati, parve,

che

che legittimamente fofse ftato eletto il Duca di Atri
Gio: Geronimo. Poichè concorrendo in lui nobiltà,
in cui non aveva chi gli andaffe innanzi, antichità di titoli, con la quale a tutti fovraftava, notizia di cofe
militari, autorità, e riputazione, per lo gran fenno, e
valor fuo incomparabile, niuno fi fdegnò di ricono-
fcerlo per fuo Capitano. Corrifpofero alla fama di lui
le operazioni per gli gran faggi di valore, che ei diede
nella campagna di Varadino, e nella famofa battaglia navale nel Golfo di Lepanto contro Turchi.

Perciò egli fi ritro-va nella famofa battaglia di Lepanto con Orazio fuo figliuolo.

    Ove urtatefi le armate infieme con le prore, e con
gli fproni, non lafciarono difcoftarfi i nemici: ma fecondo che ciafcuna s'abbatteva, s'incatenavano le navi
con certe mani, ed uncini di ferro, ficchè la battaglia
era tanto ftretta, che non folo fi combatteva con l'ar-
tiglieria, ed altre armi da fuoco, ma con le fpade a
fronte l'uno dell'altro. E tutte in brieve fi urtavano in
guifa tale, come fe fofsero ftati a combattere in terra,
e nel medefimo modo pafsavano i combattitori dall'
una all'altra nave. E fu così terribile appreffo i Turchi il nome, e la prefenza del Duca Gio: Girolamo,
che dovunque ei fi voltava, tirava feco una certiffima
vittoria. Ma fopratutto fu notabile il cafo di Orazio
fuo figliuolo, il quale effendo Capitano di una Galera,
fu forprefo nel centro della battaglia da varj legni nemici. Onde a corpo a corpo combattè co'Turchi, e
mandati a fondo più legni di quefti, furono eftinti tutti
i fuoi, ed egli folo prodigiofamente rimafe vivo. Che
per rendere al Signore Iddio un tanto beneficio accetto
volle egli ritirarfi dal fecolo, ed afcritto alla milizia
Ecclefiaftica con concetto grande di fantità terminare i
fuoi giorni, amminiftrando il Vefcovado di Cajazza,

Orazio avendo câpato miracolufa-mente la vita, fi fa Religiofo, e poi è eletto Vefcovo di Cajazza, ove muo-re in opinione di fantità.

ove

ove mentre ritornava di Napoli nel 1617. nella terra
di Formicola gli cadde fotto il cavallo, e per la gran
caduta di là a pochi giorni fe ne morì. Intanto il confenfo univerfale degli uomini grandi di quel tempo volle
aggiungere alle grandezze del Duca un nuovo atteftato
di ftima con fare ifcolpire il volto, e 'l nome fuo glo-
riofo in una medaglia di argento, e di bronzo, ove fi
allude al fuo valore, ed alla fignoria dello ftato di
Atri, quafi altra dominante nel Mare Adriatico.

*Medaglia fcolpita
alle virtù e meriti
del Duca di Atri
Gio. Girolamo.*

Da

Da tante sì varie, e tutte ammirabili opere della virtù, e valor suo, egli il Duca Gio. Girolamo si levò in alta speranza, che gli sforzi suoi per la gloria, e grandezza di sua casa colmi divenissero delle eroiche sue brame, rivolte tutte all'avvantaggio della sua posterità. Onde quanto da'suoi figliuoli ed in pace, ed in guerra, per la Repubblica, e per la Chiesa ampiamente si operò, tutto dovettero essi saperne grado al Duca loro padre, da cui con vigorosi replicati stimoli si sparse la buona semenza, dalla quale sì nobili frutti si colsero. Sul bel matino de' più verdi anni colla notizia delle scienze più culte, e colla perizia degli idiomi più celebri diffusero tanto di lume, quanto altri spandere si possa di chiarezza nel meriggio dell'età più matura. Onde ovunque i figli suoi si volsero, come avviene di alcune piante nobilissime, da per tutto leggiadramente germogliarono. Poichè egli dalla chiarissima Margarita Pio dell'alto legnaggio de'Principi Pii, procreò sette figliuoli maschi, ed una femina, chiamata D. Isabella, che fu moglie del celebre Principe di Scilla D. Fabrizio Ruffo. De' maschi il secondogenito, e l'ultimo furono Cardinali, il quinto, come si è detto, Orazio morì in concetto di santità Vescovo di Cajazza, il quarto Gio. Antonio Capitano famoso di quell'età lasciò di vivere in Corfù Comandante della Veneta Repubblica in quell'Isola contro Turchi, il primo, ed il terzo per special privilegio di quella stagione furono titolati, e stabilirono due gran case nel nostro Regno. Di modo che se si avesse riguardo a quello, che Platone, e le dotte leggi della Romana Repubblica stabiliscono in concedere gli onori, e gli magistrati con haver riguardo alla fecondità, e felicità

de'

Mirabile educazione de' figliuoli del Duca Gio. Girolamo.

Gran gloria portarono alla loro Casa i figliuoli tutti del Duca Gio. Girolamo.

Sette figliuoli maschi del Duca.

de' figliuoli, veramente questa sola cosa sarebbe stata sufficiente a giudicare il Duca di Atri Gio. Girolamo meritevole di ogni grandissima onoranza. Conciosiachè avendo egli unito tutti i feudi nella sua persona, il Primogenito Alberto fu Marchese di Acquaviva, el terzogenito Adriano stabilì la Casa di Conversano.

Il secondo chiamato Giulio incaminatosi alla Corte di Roma, in età di poco più di vent'anni essendo andato Legato della S. Sede in Ispagna al Re Filippo II., tanta fama, e stima acquistossi nella Corte di Roma, che in età di ventiquattro anni fu creato Cardinale da S. Pio, da cui fu talmente riputato, che lo volle presente alla sua morte, ordinando, che il Cardinal Giulio Acquaviva gli suggerisse i motivi a ben morire. Dopo aver goduto per lo spazio di quattro anni il Cardinalato, lasciò di vivere in concetto presso tutti di non mediocre santità, e dottrina, e fu sepolto nella Basilica Lateranense colla seguente iscrizione scolpita in marmo a caratteri di bronzo.

D. O. M.

Julio Aquivivio Sancti Theodori Diac. Card. Joan. Hieronymi Ducis Atriæ clariss. viri filio ob egregias animi dotes adolescenti a Pio V. in Card. Collegium cooptato ejusque dignitatis muneribus clare functo Andreas Mattheus Patruus Archiep. Consentinus posuit.

Vixit annos XXVIII.

Obiit XII. Kal. Augusti MDLXXIV.

Il quarto per nome Ridolfo Prete della Compagnia di Gesù avanzò di gran lunga gli onori terreni, e per la costanza nella fede di Gesù Cristo nell'estreme parti dell'Indie Orientali ricevè la corona del martirio, onde scrisse di lui tra gl'infiniti altri Scrittori Gerardo Montano questo erudito Epigramma. *Emula*

Il Duca Gio: Girolamo unì nella persona sua tutti i feudi, e signorie della Casa, onde egli divenuto era il più ricco e potente Barone d'Italia. Ma non potendo governare da se solo, fa due Case, nel Primogenito continuò la Casa de' Ducbi di Atri, e nel Secondogenito si stabilì quella de' Conti di Conversano.

Giulio secondogenito del Duca Gio: Girolamo è spedito dalla S. Sede Legato in Ispagna, e d'indi a poco in età di 24. anni fatto Cardinale da S. Pio V.

Il Papa S. Pio per il concetto della sua santità lo volle presente alla sua morte.

Poco dopo morto S. Pio morì anche il Cardinale Giulio in concetto di gran santità.

Ridolfo quartogenito del Duca Gio: Girolamo abbraccia l'istituto della Compagnia di Gesù.

Soffre il martirio in Goa per la Cristiana Religione.

Emula mens divis , & ſtirpis adorea tantæ ,
 Queque per innumeras gloria venit avos .
Magna , quis hoc neſcit ? ſed nomine clarius illo .
 Nil potuit pietas , nil dare majus honos .
Gemmifer audierat fundentem dogmata Ganges ,
 Et fluctus preſſit utraque riva ſuos .
Nimirum plenis divino è pectore rivis
 Manabat vivæ vena perennis Aquæ .

Ed alludendo un altro inſigne Poeta alla morte glorio-
ſiſſima del P. Ridolfo , che venne negli anni trentatrè
di ſua età , e dalle ferite , che furono cinque lo raſſomi-
glia in tutto al noſtro Divin Redentore .

Tum cadit innocuum fundens Aquaviva cruorem ,
 Qui par Chriſto annis , vulneribuſque fuit .
Quàm lætor , Franciſcus ait , quæ vulnera vivus
 Ipſe tuli : moriens illa Rodulphus habet .
Vivere qui voluit , quino me vulnere Chriſtus ;
 Vulnere te quino vult Aquaviva mori .
Chriſtum morte refers . Ego vivus præfero Chriſtum :
 Effigies Chriſti eſt mors tua , vita mea .
Vulnera habet moriens , & ſurgens Chriſtus . Imago
 Ipſe reſurgentis , tu morientis eris .

Divulgataſi in Europa la fama di queſto sì illuſtre Eroe
della Fede , e fregio immortale della Caſa Acquaviva ,
immediatamente il magnanimo Re Cattolico Filippo IV. fè iſtanza al Pontefice Innocenzo X. , che facef-
ſe prendere giuridica informazione del martirio co-
ſtante ſofferto dal Padre Ridolfo Acquaviva , ed a tal'
effetto ordinò al Conte di Ognate ſuo Ambaſciadore in
Roma , che con tutte le maggiori premure ne avan-
zaſſe in nome ſuo al Papa le ſuppliche . Onde eſſendoſi
compilati i proceſſi , e propoſtaſi la cauſa ſi ſpera in
          bre-

Il Re di Spagna Filippo IV. fa iſtā-za al Papa Inno-cenzo X. , acciò ſi faccia il Proceſſo del martirio ſoffer-to coſtantemente per la fede di Gesù Criſto dal P. Ridol-fo Acquaviva .

breve abbia ad efsere afcritto tra 'l numero de' Beati.

Il P. Claudio Ac-
quaviva fratello
del Duca Gio: Gi-
rolamo lafcia la
Corte di S. Pio V.,
ed entra nella Com-
pagnia di Gesù.

Fu fratello del Duca Gio: Girolamo il celebratiffimo P. Claudio Acquaviva, il quale efsendo ancor
giovine lafciò il fafto tutto di Cafa, e dalla Corte di
S. Pio, di cui era Camerier di onore, a' 27. di Luglio
del 1567. entrò nella Compagnia di Gesù; ed appena
ordinato Sacerdote fu eletto Provinciale in Napoli; ove
efsendo avvenuta quella orrida peftilenza, che il Regno tutto pofe in defolazione, fu con fingolare carità
Criftiana ammirato fervire la povera, ed afflitta gente
nel follievo così dell'anima, come del corpo. Di là a
poco tempo fu chiamato in Roma al governo di quella infigne Provincia. Ma l'animo fuo rivolto tutto a
beneficio delle anime mal volentieri foffriva fimili pefi,
onde egli per liberarfene procurò applicarfi alle mif-
fioni, ed in tal guifa fi fè autore di quelle d'Inghilterra. Ma il Signore Iddio, che deftinato lo aveva ad altre imprefe, e più memorande, volle, che efsendo
vacato il Generalato della Compagnia per morte del
Padre Mercuriano, fofse egli a quel fublime pofto inal-

Il P. Claudio è fat-
to Generale della
Compagnia in età
di trentanove an-
ni.

zato. Maravigliofamente invero, per efsere ftato an-
tepofto con unanime confenfo di tutti i Padri alli più
vecchi, e più antichi in tempo, che egli appena aveva
compito il trigefimo nono anno dell'età fua.

Nè gli accorti Padri andarono di loro opinione
ingannati, come ci ha lafciato fcritto il Padre Riba-
deneira nel catalogo degli uomini illuftri della Compagnia, poichè foftenne egli il P. Claudio un governo
in quei tempi così difficile, e fatigofo in maniera tale,
che fe fi riguardano le cofe così profpere, come avver-
fe, che in tempo del fuo governo alla Compagnia ac-
caddero, tutti credettero, efsere egli ftato da Dio a tal

im-

impiego portato , non efsendovi nè triftezza , che egli non avefse diminuita , e diffipata , nè cofa gioconda , e grata , che non avefse all'ultimo fegno accrefciuta , acciochè per l'opera fua giungefse la Compagnia al defiato porto della ftima , e grandezza . Onde in nome di tutta la Compagnia cantò fin da quei tempi il Poeta Gio: Battifta Mafcolo nell' Ode 3. del lib. 13.

> *Claudi decore Parthenopes decus ,*
> *Cui jus in omnes arbitrii Pater*
> *Commifit , haud ignarus altæ*
> *Mentis , & ingenii benigni .*

Perciò fi vide ne' tempi fuoi effere ftato in quella sì gran ftima preffo tutti , non meno per la dottrina , che per la fantità della vita ; che non vi fu opera sì grande , e malagevole , che egli tentaffe , e con incredibile felicità non l'aveffe perfezionata . S. Filippo Neri lo ebbe a grandiffima venerazione , e diceva generalmente a tutti , che lo fplendore , e chiarezza del fuo fpirito ridondava anche di fuori , e fuor di mifura la beltà del fuo corpo accrefcendo , tutti ad amarlo , e venerarlo prodigiofamente forzava . In mezzo però a tanti onori , e ftima della Città di Roma , e della Corte egli pofe in non cale tutti i rifpetti del mondo , e non tralafciando le cure del fuo vafto governo , affettava i fervigj più umili della Religione . Ed avendogli Clemente VIII. offerto l'Arcivefcovado di Napoli , con infinita conftanza , ed umiltà il rinunciò , unicamente intento alla cultura della vigna comeffagli dal Signore . In guifa tale , che in poche parole prefe da S. Paolo dicevano gli uomini favj dell' età fua , che la Compagnia *Ignatius plantavit , Aquaviva rigavit , Deus autem in-*

M

cre-

crementum dedit. Ed un Poeta famofo di quel tempo
così l'efpreſſe in un vago epigramma.

> *Quod Pater à viva derivas nobile lympba,*
>> *Non fine Divino numine nomen habes.*
> *En tibi nam lætis arridet honoribus hortus,*
>> *Quem colis, ut vivam te bibat uber aquam:*
> *Nec calor exuret fata læta, fed ubere femper*
>> *Proventu Dominum, qui rigat illa, beent.*
> *Hinc quoties placido tua fibilat unda fufurro,*
>> *Induit in florem fe nova planta fuum.*
> *Et nunquam moriens languefcet in arbore ramus.*
>> *Dum trahit a vivis nomina cultor aquis.*

Gemendo alla fine il ſuo corpo ſotto il peſo graviſſimo
delle ſue continue fatighe ſi ammalò gravemente, ed
aſſiſtito dall' inſigne Cardinal Belarmino con mirabile
felicità, e quiete di animo trapaſsò da queſta all' immortale vita con diſpiacere univerſale di Roma, della
Compagnia, e generalmente di tutti, onde ebbe a dire
il Gran Pontefice Paolo V. che la chieſa militante aveva fatto perdita di un gran Campione. E Roma che
volle per tenerezza di affetto aſſiſtere alle ſue eſequie,
in tal guiſa per bocca di un ſuo Poeta ne eſpreſſe i ſentimenti.

*Morte del P.Clau-
dio compianta da
tutti, e ſopra ogni
altro dal granPon-
tefice Paolo V.*

> *Par erat eternæ te ducere tempora vita*
>> *Nomen, & æternum vivo quod indit aqua.*
> *Humana probitas major divinaque virtus,*
>> *Menti cana fides, hæc tibi vita fuit*
> *Vox cæleſtis erat, ſpecies digniſſima vultus,*
>> *Et quod cælicolis dicitur eſſe color.*
> *Jam fluvios poſthac nullos reor eſſe perennes,*
>> *Cum tu etiam poſſis, o Aquaviva mori.*

*Atteſtati della
Compagnia degli
obligi i grandi de-
ve ai P.Claudio.*

E per darne la gran Compagnia qualche pubblico eterno

no atteſtato al mondo delle ſue infinite obbligazioni, dopo averlo fatto dipingere in modo, che il P. Claudio ſoſteneſſe in mano una colonna, per manifeſtarlo alla memoria de'poſteri,come ſoſtegno della Compagnia,ne ſe anche in bronzo ſcolpire il ſuo ritratto,che quì ſi ravviſa,e ne'muſei più nobili di Europa ſi vede collocato.

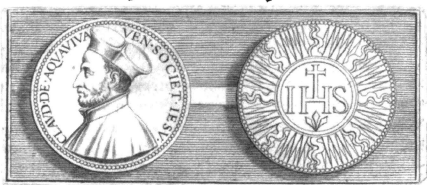

Nel tempo iſteſſo con pari gloria, e ſplendore comparì al mondo ſua ſorella Dorotea Acquaviva iſtrutta nelle ſcienze, e ſopra tutto nella Poeſia in guiſa tale, che fu preferita alle chiariſſime donne di quei tempi Vittoria Colonna, Laura Terracina, e Margarita Sarraquia, come lo và a lungo eſaminando Franceſco de Petris nella ſua Iſtoria, e D. Giovan Perelio Reſidente del Sereniſſimo Duca di Modena nel ſuo Poema eroico comico annoverandola tra l'Eroine, e gran Poeteſſe de' tempi ſuoi, così egli favella

Dorotea di Acquaviva il freno allenta
  A un corridor, c' hà il tuon ſotto le piante;
  Scopa il ſuol colla chioma, e l'inargenta
  Per generoſa bil fatta ſpumante;
  Arena, e fumo contro il Ciel avventa
  L'ampia narice, e 'l piè quindi volante;

Dorotea Acquaviva figlia del Duca di Atri Gio. Antonio, e ſorella del P. Claudio celebre preſſo tutto il mondo per la ſua letteratura.

M 2　　　　　　　　*Eſſa*

Effa poi, che dar può vita coi carmi
Tragge a morir colla beltà con l'armi.

Ottavio Acquaviva figlio ultimo del Duca Gio. Girolamo.

L'ultimo de' figli del Duca Gio: Geronimo fu Ottavio, ornamento, e splendore non meno di sua famiglia, che del S. Collegio de Cardinali. Poichè egli applicato da fanciullo sotto la direzione del Duca suo padre, all' esercizio degli studj, ancor giovinetto fu graduato della laurea Dottorale nella celebre di quei tempi Università di Perugia. Fu intendentissimo non solo della facoltà legale, ma delle buone lettere ancora, e sopra ogni altra della lingua Greca. Fornito di queste doti portossi nella Corte di Roma, ed incontinente il Pontefice Sisto V. il fece Referendario dell' una, e l'altra Segnatura, e Vicelegato del patrimonio di S. Pietro, e Maggiordomo del Palazzo Apostolico, ed indi a pochi anni il Pontefice Gregorio XIV. lo creò Cardinale a' 16. Marzo del 1591. Ed ardendo in Francia quel grande incendio degli Ugonotti, che 'l Regno tutto aveva posto in iscompiglio, e la purità della Fede Ortodossa in gran parte turbata, fu da Clemente VIII. mandato Legato a latere in Avignone. Ove la sua prudenza, dottrina, autorità, e destrezza si oppose sì fortemente a quel fiero mostro, che avendo sù le prime reconciliato il Re Errigo colla Santa Sede, non trovò alla fine opposizione veruna, che i suoi disegni potesse frastornare. Ne parlano i Franzesi con tanta gloria, e stima, che pare non vi sia lode sì giusta, che a lui non si debba. Và per le mani di tutti un volume stampato in Francia, ove si appalesano le sue glorie, e le pubbliche dimostrazioni, che ne secero i Franzesi. E tra le molte monete da lui fatte coniare si osserva la quì in-

Da giovine fa mirabili progressi negli studj, ed è laureato del Dottorato in Perugia.

A tempi del Pontefice Sisto V. si porta in Roma, ed è in quella Corte sommamente reputato.

Fatto prima Maggiordomo del Palazzo Apostolico, e poi Cardinale dal Papa Gregorio XIV.

Il Cardinale Ottavio è spedito legato a latere in Avignone per affari importantissimi della Santa Sede.

Reconciliato per mezzo suo il Re Errigo colla Santa Sede.

I Franzesi oltre alle pubbliche ne stamparono in Francia un volume de' fatti illustri del Cardinal Ottavio.

gion-

gionta fino all' età noftra da quella chiariffima nazione con particolare amore confervata.

Di tante glorie, e meriti ricolmo ritornato in Roma quafi in trionfo fu accolto dal Pontefice Clemente VIII. e vacato l'Arcivefcovado di Napoli, da Leone XI. fu eletto Arcivefcovo di quella nobiliffima Città fua patria. Morto poi Leone fu confermata la fua elezione dal Pontefice Paolo V. nel 1605. e ne prefe il poffeffo a' 10. di Settembre dell'anno fudetto. A Novembre poi egli entrò in Napoli, oltre a tutti gli altri funtuofiffimi apparecchi di quella fefta con pubblica, e fuperba cavalcata di tutti gli Ordini Ecclefiaftici. Le fue continue, e maggiori occupazioni furono il riftabilimento della difciplina Ecclefiaftica, mercè la fua diligenza in quella ampia Città in quel fublime ftato ripofta, in cui prefentemente con ammirazione di tutta Europa fi ritrova.

Il fuo pingue patrimonio con le rendite Ecclefiaftiche furono da lui impiegate in follievo de' poveri, a' quali in ciafchedun giorno erano affegnate le limofine. E nella crudele careftia del Regno, e dell'Italia tutta, che affliffe quei popoli nel 1607. mercè le fue continue follecitudini, ed infinuazioni, fi vidde la Città di Napoli

Ritornato in Roma il Cardinale viene accolto quafi in Trionfo, e fatto Arcivefcovo di Napoli.

Beneficj gradi portati da lui alla Chiefa di Napoli.

Impiega il fuo patrimonio per follievo de' poveri.

Opera fua grande per follievo della Città, e del Regno nella careftia del 1607.

poli follevata, e proveduta di tutto il bifognevole in copia sì grande, che in poco tempo per mezzo del famofo Michel Vaez capitarono in Napoli dugento fettanta legni con fettecento trenta mila tumola di frumento. Riftabilì il Palazzo Arcivefcovile in forma affai commoda, e magnifica. Fece da fondamenti rialzare varj Conventi di Religiofi in Napoli, nella Città di Atri, in Notarefco, in Muro, e nella fua ragguardevole Badia di Preperiano. Le fuppellettili poi, ed i veftimenti fagri, e i cenfi, ed ornamenti d'oro, e di argento furono quafi innumerabili, che egli lafciò alla fua Chiefa di Napoli. E facendo egli abolire affatto le graviffime ufure, che ne' contratti, ed impreftiti commettevano gli Ebrei in Napoli, dopo effere quefti ftati cacciati via tutti, quanti ve n'erano in gran numero, dotò egli con venti mila fcudi de' fuoi il Sagro Monte della Pietà di Napoli per follievo de' poveri e bifogno de' Cittadini; onde il pubblico di quella Città per memoria perpetua di un tanto beneficio nell' atrio del Monte gli fe alzare il feguente marmo col fuo ritratto di baffo rilievo.

Ottavio Aquavivo Aragonio Cardinali Archiepifcopo
Neapolitano
Ob Legatam Monti Pietatis fuppellettilem aureorum
millium XX.
Præftitumque etiam poft obitum pafcendi gregis munus
Quem confilio, dottrina, opibus
Strenue aluerat
Præfetti documento Pofteris P. P.
A. S. M.D.C.XVII.

Fu egli per ciò reputato, fecondo quello, che fcrive Trajano Boccalino, fingolar Principe, foggetto di animo

mo

Altri beneficj renduti alla Città, e Chiefe del Regno,

Coftituifce egli la dote al Monte della Pietà di Napoli, per abolire le ufure degli Ebrei, e di altri.

Elogj dati al Cardinal Ottavio anche da' Foraftieri.

mo eminentiffimo , e degno fucceffore de' fuoi virtuo-
fiffimi antenati . Onde in tutti i conclavi, ne' quali egli
intervenne all' elezione de' Pontefici Innocenzo IX.
Clemente VIII. Leone XI. e Paolo V. fu tanta , e sì
grande la fua ftima ed autorità , che l'erudito Chioccarello giudicò degno , e neceffario tramandarfi alla memoria perpetua degli uomini la deftrezza del Cardinal
Ottavio , per cui volentieri , e di buon animo i Cardinali tutti feguitarono il fuo parere come favio, prudente , di un ottimo Principe , e del tutto certo , e ficuro.
Lo che oltre il Ciacconio , e Vittorello nella fua vita, a
chiare note fi vede regiftrato per nobile memoria delle
fue fingolari gefte nell' epitaffio fcolpito in bronzo, ed
in marmo fopra il fuo depofito nell' Arcivefcovado di
Napoli .

Si rendè egli cele-
bre fopratutto ne'
quattro Conclavi ,
ne' quali interven-
ne all' elezione de'
Sommi Pontefici .

Octavio Aquavivo Aragonio Card. Arch. Neap. & litera-
rum maxime græcarum ornamento, majorum decora adepto,
quæ fuerunt è Republica Chriftiana, in Pontificiis præcipuè
comitiis , atque in Avenionenfi legatione, cum arderet pro-
vincia civilibus difcordiis , arderent bello Galliæ , ftrenue
cuncta executo, in omni vita , fingularem magni confilii,
excelfi animi laudem promerito
D. Francifcus Aquavivus Marchio Aquivivæ ex D. Jo-
fia nepote Duce Adrianorum XII. pronepos pof.
Obiit anno falutis MDCXII. natus annos LII.

   Stabilitafi adunque nella maniera poc' anzi divi-
fata da Andrea Matteo III. di quefto nome Duca
di Atri IX. nella perfona di Giulio Antonio fuo nipote
la Cafa de' Conti di Converfano, fi è veduta in decorfo
de' tempi ricolma di maggiori titoli , e ricchezze.
Poichè Adriano I. figlio di Gio. Geronimo Duca di
Atri X. effendo fucceduto a' figli di Giulio Antonio ,

Come fi fia ftabili-
ta la Cafa de' Con-
ti di Converfano .

                                                   la

Adriano terzogenito del Duca di Atri Gio. Girolamo I. col confenfo del primogenito forma la cafa di Converfano.

Suo valore in varie occafioni, e fopra ogni altra per havere fnidato gli innumerabili Banniti dal Regno,

Lo fteffo valore fu in Giulio fuo figliuolo.

Gio. Girolamo Conte di Converfano fuo figliuolo con Tommafo di lui figlio fu Generale della cavalleria Spagnuola. E fopratutti fi è fegnalato nelle arti della pace, e della guerra l'odierno Sig. Conte di Converfano Giulio poftumo per il fuo valore noto a tutti i Principi di Europa.

la di cui fucceffione fpenta affatto in tempo di Gio. Girolamo fuo padre, nel 1575. col confenfo del Duca Alberto fuo primogenito, che da quel tempo prefe il titolo di Marchefe di Acquaviva, e lo hanno ritenuto dapoi tutti i primogeniti della cafa di Atri, fi fece egli novamente autore di quefta pregiatiffima Cafa, e reputato fempre capace di opere fingolari, non vi fu fpedizione militare de' tempi fuoi, in cui egli non foffe intervenuto. Nel foccorfo recato dalle armi Spagnuole alla celebre piazza della Goletta fu condottiere di un Terzo Spagnuolo. E quantunque aveffe i ftati nelle Provincie di Bari, e Lecce, fu tuttavia prefcielto dal Vice-Re Conte di Miranda alla grande imprefa contro de' Banditi del Regno, e fopra tutto nell' Apruzzi, di dove ebbe la gloria cacciarli, vincerli, ed affatto eftinguerli. L'ifteffo valore fi offervò nel fuo figliuolo Giulio, il quale maritatofi con la chiariffima Catarina Acquaviva fua congionta figlia di Belifario II. con doppio ftimolo di nobiltà, e di virtù tramandò a' figli fuoi il retaggio di Cafa Acquaviva. Onde abbiamo con fingolar piacere offervato le di loro egregie imprefe, e nelle guerre contro Franzefi, e nella fpedizione di Piombino, e Portolongone gloriofamente foftenute nel fecolo paffato dal Conte Gio. Girolamo Comandante generale della Cavalleria Spagnuola, e Tommafo fuo figlio defcendenti da Adriano. Ed a noftri giorni il chiariffimo D. Giulio poftumo odierno Conte di Converfano, che lo fplendore, ed il preggio di quel nobiliffimo fpirito de' fuoi maggiori in buona parte feco ne hà portato. Poichè congiontofi egli con la nobiliffima D. Maria Spinelli figlia del famofiffimo Principe di Tarfia per mezzo fuo, e de' chiariffimi figli fuoi

alla

alla noſtra, ed all'età future laſcierà certamente me-
morandi eſempli di virtù, di onore, e di grandezza.

Ora è uopo ritornare alla ſucceſſione del Ducato
di Atri in perſona di Alberto figlio di Gio. Geronimo I. *Alberto Duca di*
di queſto nome, che fu Duca di Atri XI. e quanto *Atri XI. ſuccede*
ſplendore abbia egli recato al ſuo Regio nome col poſ- *come primogenito*
ſeſſo di una ſignoria delle più coſpicue d'Italia, e col *al Duca Gio. Giro-*
maneggio, che meritò havere negli affari più impor- *lamo I.*
tanti del Regno, egli è ben conto, e manifeſto a tutti.
Fra tanti onori però, e tante cure non tralaſciò giamai
il meſtiere della guerra, onde avviſa *Tommaſo Coſto*,
che egli col Duca Gio. Girolamo ſuo padre nelle cru-
deliſſime ſcorrerie fatte nell'Adriatico dall'armata
Turca comandata da Pialì Bafsà difeſe la piazza di Peſcara, la quale forſe averebbe ſofferto i medeſimi danni,
a cui ſoggiacerono quaſi tutte le altre dell'Adriatico,
ſe dalla prudenza di queſto Duca Alberto non foſſe ſtata provveduta in tempo e di gente, e di munizioni a
poterſi difendere dagli aſſalti de'nemici, che in varie, e diverſe maniere, e tempi le diedero. Ebbe egli
per moglie Beatrice della Noja ſorella del Principe di *Si ſpoſa colla*
Sulmona Vice-Re di Napoli, e da quella fu procreato *figliuola del Vice-*
Gioſia II. di queſto nome Duca di Atri XII. il quale ſi *Re della Noja e la-*
reſe celebre per i più ragguardevoli maritaggi, che ſianſi *ſciò Gioſia II. Du-*
giamai contratti nel Regno: poichè egli ſi congiunſe *ca di Atri XII.*
con Margarita Ruffo figlia del Principe di Scilla, e maritò due ſue ſorelle, la prima chiamata Margarita al
Duca di Madaloni Diomede Carafa, e la ſeconda Dorotea a Camillo Caracciolo Principe di Avellina.

D. Giuſeppe poi ſuo fratello nudrito in Roma dal *Giuſeppe fratello*
Cardinal Ottavio ſuo zio, appena collocatoſi in Prela- *del Duca Gioſia*
tura, fu deſtinato Nunzio preſſo il Re Cattolico Filip- *fu molto celebrato*
nella Corte di Ro-
N po III. *ma.*

po III. mà pria d'intraprendere il viaggio fu da fatal deſtino al mondo rapito in tempi aſſai torbidi per l'Italia, e che il ſuo talento, e ſapere avean fatto concepire grandiſſime ſperanze alla Sede Apoſtolica per la ferma, e certa pace d'Italia.

Ne in minor riputazione fu tenuto il ſuo figlio Franceſco Duca di Atri XIII. il quale congiuntoſi con Anna Concubletta figlia unica del Marcheſe di Arena, per mezzo di eſſa contraſſe congiunzione di ſangue colle prime famiglie d'Italia; ed eſſendo ſtato morto in duello nel 1679. il Marcheſe Franceſco dal Marcheſe di S. Giorgio, fu il Duca ſucceſſore della ſua intera pingue eredità. Suo germano fratello fu il Cardinale Ottavio, delle di cui glorie ſono pieni i faſti Eccleſiaſtici, che a piena bocca ci manifeſtano la ſua impareggiabile fortezza di animo, con cui egli ſi oppoſe al Duca di Parma, che tentava la ſorpreſa di Civitavecchia nel fervore della guerra con la Corte di Roma. Fu creato Cardinale da Innocenzo X. e ſotto il ſuo Pontificato, e quello ancora di Aleſandro VII. fu Legato nella Flaminia. La Romagna poi tutta, e la Flaminia non ſono ancora ſazie di appaleſare la ſua generoſità, e grandezza, con la quale ricevè la Regina di Svezia, che tutta lieta, e ſodisfatta conduſſe in Roma, ed all'Ovile di Santa Chieſa aggiunſe. E dura tuttavia la tradizione, e la memoria nella inclita Città di Roma della ſua deſtrezza, e coſtanza, con cui non meno maneggiò gli affari de' Conclavi, che difeſe la ſua libertà.

Con queſte maſſime del genitore, e del zio allevato il fanciullo Gioſia III. di queſto nome Duca di Atri XIV. è incredibile il ridire quanta ſtima ſi foſſe conciliato nel Regno, che col ſolo ſuo nome ed i vicini, ed i lontani

po-

Franceſco Duca di Atri XIII. primogenito del Duca Gioſia, acquiſta l'eredità del Marcheſe di ArenaConclubet ſuo ſuocero.

Ottavio Cardinale ſuo fratello.

Sua mirabile fortezza di animo nell'opporſi alDuca di Parma, che tentava la ſorpreſa di Civitavecchia.

Il Cardinale Ottavio va a ricevere la Regina di Svezia ne' confini dello ſtatoEccleſiaſtico con magnificenza reale.

Molto ancor egli ſi ſegnalò negli affari de' Conclavi.

Gioſia III. Duca di Atri XIV. primogenito del Duca Franceſco fu in grandiſſima reputazione nelRegno.

popoli degli Apruzzi atterriva. Onde egli fu in tanta cura, e venerazione preffo de' noftrali, che nella rivoltura fatta in Napoli nel 1647. fcoffo oltremodo il Regno tutto, ed in varj partiti divifo, egli il Duca Giofia mantenne le Provincie degli Apruzzi nella dovuta ubbidienza del Re Cattolico Filippo IV. in sì fatto modo, che acceefo il grande incendio, e penetrato il rumore de' popolari in quelle Provincie, colla fua autorità, anzi col folo nome fuo fu fpento in quelle contrade, e fedato. Fu altresì quefto Duca in tal guifa dedito, come i maggiori fuoi tutti, agli ftudi delle lettere, che, fecondo quel che fcriffe *Carlo Ferrari*, meritò il Principato nella celebratiffima Accademia degli Oziofi in Napoli. Spofato egli con Francefca Caracciola figlia del Principe di Torella, e fatto padre di più figliuoli mafchi, e femine fu alla fine aftretto portarfi in Calabria a prender poffeffo della fplendida eredità del Marchefe di Arena, e mentre molte cofe meditava per i vantaggi della fua Cafa gli fu tronco lo ftame della vita da una crudeliffima infermità, e lafciò all' inclito fuo figlio primogenito la gloria di potere le fue ben concepute idee perfezionare.

Ed ora pel corfo della noftra Iftoria in sì alto ed immenfo pelago mi veggo immerfo, che donde abbia a cominciare, e dove finire, certamente non fappia. Poichè de' figli del Duca Giofia III. e de' fuoi nipoti dovendo favellare tante, e sì grandi opere, ed inufitate affatto mi fi prefentano, che egli farebbe uopo lafciarle più tofto impreffe colla fola tradizione alla memoria degli uomini, che partitamente defcriverle. Comunque però vada la faccenda, di gran biafimo degno farei reputato, fe giufta mia poffa non mi sforzaffi

N 2 a rac-

Molto fi fegnalò per il fervigio del Re di Spagna in occafione de' tumulti di Napoli del 1647.

E fatto Principe dell'Accademia degli oziofi in Napoli.

Si porta in Calabria per prendere il poffeffo del credito del Marchefe di Arena.

Si tratta de' figliuoli del Duca Giofia III.

a raccogliere fol tanto ciò, che va per la bocca di tutti, lasciando il di più, e forse il maggiore, che o alla nostra notizia non è pervenuto, o che da altri si può più acconciamente divisare.

Perciochè se due sono le vie della vita degli uomini, per le quali si può camminando a singolare stima pervenire, l'una di fare grandi, e lodevoli cose, l'altra poi il considerare non pur le cose che gli uomini far possono, mà il fine per cui si fanno, e gli effetti loro. Quindi è, che con le singolari opere e in pace, e in guerra si fa in diversi modi ed alle private persone, ed alle comunanze de' popoli, ed alle Nazioni tutte giovamento. E con la contemplazione del fine loro saggio, giusto, onorevole, e prudente, si forma negli altri la vera idea del nobile, del giusto, e dell'onesto. E tanto furono l'una, e l'altra per sè di queste vie dagli antichi Filosofi lodate, che ancora la questione pende, qual di loro preporre all'altra si debba, e sia migliore. Per queste sì onorate strade s'indrizzarono da fanciulli i due germani fratelli Gio. Girolamo II. di questo nome Duca di Atri XV. el Cardinal Francesco amendue figliuoli del Duca Giosia III.

Conciosiachè il Duca Gio. Girolamo dedito agli studj delle scienze così politiche, come istoriche, e matematiche formò da giovinetto la sua mente in guisa, che altro agognar non si vedea, che onore, e sapere. Chiamato egli per tanto al dominio della sua vasta signoria, ed accresciuta questa non poco dall'acquisto fatto della ricchissima eredità del Marchese di Arena Concublet, non s'intese giamai in tutto il tempo, che ebbe la sorte Napoli sua patria di averlo seco, ricorso veruno fatto da suoi Vassalli alla Corte per la giustizia,

che

che a tutti con mirabile onestà de' suoi Miniſtri ſi amminiſtrava ; nè tampoco avverſione veruna di tutti gli
altri ordini di perſone, che la vaſta Città di Napoli
contiene. Perciò egli divenne in breve tempo padre
della patria, e generalmente reputato era il protettore
della giuſtizia, e dell' oneſto, il ricovero de' letterati,
e 'l mecenate di tutti i giovini dotti, da' quali aſſai
apertamente ſi conobbe eſſere egli nato alla gloria, e
col retaggio proprio de' ſuoi maggiori all' onore, ed al
grande eſſer portato. Congiuntoſi intanto con la nobiliſſima Launoja Ludoviſia figlia del Principe di Piombino, e reſtandone di quella dopo pochi meſi privo,
per provedimento di ſua Caſa paſsò alle ſeconde nozze
con la gentiliſſima Signora D. Eleonora Cecilia Spinelli figlia del Marcheſe di Vico, e Duca di Aquaro,
che ſeconda di molti figliuoli recò non mediocre con-
ſolazione al Duca, ed a' ſuoi congionti.

 Fra tanto non tralaſciando le arti nobiliſſime della pace, e della guerra per benefizio de' ſuoi cittadini,
e per ſollievo del Regno, venne egli ſempre introdotto nel più ſegreto gabinetto de' Vice-Re di quel tempo; e pervenuto l'invittiſſimo Monarca delle Spagne
Filippo V. al dominio di quella vaſta Monarchia, portatoſi in Napoli nel 1702. a conſolare i ſudditi ſuoi, ed
animargli ad opporſi coragioſamente all' acerbità di
quei tempi, ed alle intrapreſe de' ſuoi nemici, volle
ſempre preſſo di ſè, e ne' conſigli ſuoi il Duca Gio. Girolamo. Poichè il Re ben ſapeva, quanto eraſi nobilmente ſtudiato nell' anno antecedente per diſperdere,
e diſſipare la famoſa congiura eccitata in Napoli contro
del Governo Spagnuolo. Contento e lieto il Duca di
Atri di queſti, ed altri onori ricevuti, riempì tutti i
ſuoi

In Napoli egli fù reputato padre della Patria, e Mecenate di tutti i Letterati.

Prende per moglie la figliuola del Principe di Piombino, ma mortaſi queſta ſenza laſciargli figli, ſi marita colla figliuola del Marcheſe di Vico D. Eleonora Cecilia Spinelli.
La quale partoriſce molti figliuoli.

Fu il Duca Gio. Girolamo molto ſtimato in Napoli. Ed il Re di Spagna Filippo V. dell' opera ſua molto ſi valſe.

Il Duca fa palese a tutti di quanto profitto, e vantaggio era la successione del Re Filippo à Regni di Spagna.

suoi cittadini, e paesani delle lodi, virtù, e della possanza del Re Filippo. Dicendo esser venuto al possesso di quei regni un Signore, il quale vincer doveva ogni cosa tanto colle armi, quanto con la sua benignità, e benefizj. Partito il Re alla volta di Lombardia fu immantinente dichiarato il Duca di Atri Vicario Generale delle armi in Apruzzo. E per verità quella non era opera di un solo, se già non ne gli fosse stato commesso il carico dal consenso universale de' fedeli sudditi del Re, o non abbondasse per sè medesimo di tanta autorità, che si fosse l'invidia di molti rivolta in riverenza. Avendolo però il Re Filippo accettato per servigio di non

Partito il Re da Napoli, fu il Duca di Atri dichiarato Vicario Generale delle armi nelle Provincie dell' Apruzzi.

poco momento alla sua Corona, allora più che mai il Duca, alla via dell' onore, e della vera nobiltà rivolto, come vide le cose del Regno nell' ultimo periglio, stimò bene per adempire al suo impiego ritirarsi a difendere con i pochi avanzi delle truppe Spagnuole le Provincie dell' uno, e dell' altro Apruzzo. E l'opera sua, industria, e valore veggendo inutile al suo disegno, nè

Con poche truppe, che potè havere, si ritira nelle Provincie a lui commesse per difenderle dagl' inimici.

potendo qualsisia cimento in campagna aperta incontrare per lo picciol numero de' soldati al suo comando soggetti, come savio e prudente Capitano, che egli era, stimò bene ritirarsi nella piazza di Pescara.

Prima però di ritirarsi colle truppe nella piazza, frettolosamente si portò in Atri per vedere la Duchessa sua sposa, ed i suoi teneri figliuoli, e dar loro l'ultimo a dio, a' quali recatisi d'avanti così ebbe a favellare:

E non potendo far fronte agli Alemani in Campagna si ritira in Pescara; Prima però di chiudersi entro la Piazza và in Atri a vedere i suoi figliuoli.

Partendomi io da questa Città, non molti mesi sono, assai materia averei potuto havere, onde in guerra potessi acquistare onore, e riputazione. E certo se ad alcuno averebbe potuto far animo, e porgere baldanza la stirpe sua, se ancora ad alcuno la maestà, e gli onori ricevuti avessero potuto

A' quali così raggiona per animarli a sostenere il partito Spagnuolo,

far

far crescere l'animo, io son nato di sì fatti progenitori, e tal saggio avevo dato di me, ed in tal'età acquistato l'amore della patria, e del Re nostro signore, che io potei trà il numero di tanti nostri valorosissimi cittadini essere prescielto al comando delle armi in questo Reame. E per ciò chi altro hà finora difeso i confini, chi altro hà ributtato gli Alemani già trionfatori sù gli argini nostri? ma tutto quello, che io ne' voti miei addimandai supplichevolmente al Signore Iddio, voi medesimi, o cari figli, ora mi potete concedere. Se voi vi volete ricordare, che siete nati non nelle terre da quì remote, e lontane, ma nel Contado de' vostri antenati. E se vi tornerà in memoria, questi Colli, i quali voi vedete, essere della nostra patria, e considerarete questa signoria essere parto della fedeltà de' vostri maggiori. Io non fui giamai autore alla mia casa, nè alla mia patria confortatore di alcuna superba legge, nè di alcuna crudele deliberazione. E pure mi conviene ora con voi mostrarmi crudele più tosto, che mite, e benigno. Noi non navighiamo ora pel mare tranquillo, mà quasi siamo sommersi da fiera tempesta. Già contro noi si prosiegue la guerra, contro noi si occupa questa Provincia, contro di noi sono gli Alemani tutti armati, e spediti. Tosto farà portata a ciascun di voi l'infausta novella de' vostri danni, guardarete le vostre possessioni guaste col ferro, e col fuoco, esser menata via la preda, e per tutto il fumo delle case, e ville, che ardono, il vostro stato posto a sacco, questa Città assediata, e la gloria appresso i nemici vostri. In somma è sì fatto lo stato delle cose nostre, che l'animo non si può indovinare bene alcuno.

Quanto si appartiene a me, o cari figli, piglierò quel partito, ed averò quel tanto animo, che voi stessi vi darete. Offerirò volentieri il corpo in voto alla morte, nè ricuserò qualsisia cimento, purchè vedessi rotti, e messi in fuga questi nemi-

nemici del noſtro Re; ed allora ſarei contento, quando li ſpogliaſſi degli alloggiamenti, e trasferiſſi queſto ſpavento della guerra, onde ſiano tutti ſmarriti, e confuſi. Sarete voi forzati abbandonare queſto ſtato, ed andare in eſilio da queſta sì nobile ſignoria, che noi non poſſiamo difendere; nè queſta andata a voi ſarà miſera, e vituperevole, perchè ei non parrà, che vinti l'abbiate perduta, mà che vincitori l'abbiate riſiutata. Gli Alemani la potranno diſtruggere, mà come voi ſarete in iſtato di affrontarvi con eſſi, la potrete ben preſto reſtaurare. Avendo voi l'onore ſalvo, e la fede intatta ed in piedi, vi parrà forſe coſa fatigoſa reedificare queſte mura, rialzare queſti antichi ſuperbi edificj, reſtituire nel priſtino luogo le immagini de' voſtri padri. Non ſi tratta ora più che la patria poteſſe ſtare in piedi nella ſua maeſtà, alla quale il mancar mai, mentre che l'uomo hà vita, ad ogn'uno è coſa ſozza, e vituperevole, ed a noi coſa empia, e nefanda. Maggior guaſto farebbe ora a quella noſtra comune madre la voſtra fortuna proſpera, che non facci l'avverſa. Ella già è a terra, e la ſua libertà ſpacciata, mà in voi hà ripoſto le ſperanze ſue, ed il voſtro onore, e la voſtra coſtanza dovranno fare in maniera, che la virtù, e le ſperanze ſue ogni dì creſcano maggiormente.

Statevi pur fermi in queſta sì nobile riſoluzione, e conſumate pure la voſtra vita nella neceſſità, che ora vi viene dietro di dover ſoggettarvi al tempo. Ormai non ci è più guerra ſe non dentro di voi medeſimi. La neceſſità di eſſere voſtro padre mi coſtringe a dirvi coſe vere ed utili, in luogo di coſe grate e giaconde. Io deſidererei certamente compiacervi, e condonare qualche coſa alla voſtra tenera età, e molto più che voi foſte ſalvi, e raccontaſte a' figli voſtri la coſtanza, e fedeltà conſervata al noſtro naturale Signore. Mà non mancaranno giamai, ſe voi mancaſte, al mondo uomini ni così scordati, che ciò debbano in miglior forma appalesare, qual' ora averanno in pregio la virtù e l'onore. Egli è venuto quel tempo tanto desiderato da' vostri antenati da poter mostrare l'onor vostro. I nostri padri, essendo il Regno de' Franzesi, e de' Svevi, vollero sempre, che questa signoria fosse nostra, qual' ora questo Regno fosse de' Spagnuoli. Questo è quello, che tante volte hà renduto la patria, le insegne, e l'antico pregio di nostra casa, ed hà rivolto la paura, la fuga, e la morte contro i nostri nemici, i quali talora ciechi per l'avarizia nel pesare l'oro, e le ricchezze fallirono la fede data, e l'onore. Considerate le cose prospere, ed avverse de' vostri antichi maggiori, trovarete senza fallo tutte le cose esser loro succedute prosperamente, quando seguirono il loro onore, senza che la ragione delle genti fosse violata. Voi sarete un tempo i recuperatori della maestà Spagnuola, e degni di essere annoverati trà gli altri illustri vostri antenati. Oggi i vostri sudditi vi daranno, ed empieranno di mille lusinghe, e di accuse contro di me, che sì fatta nobile determinazione giustamente vi hò confermato, dalle quali voi avete ad essere cauti, e sempre a difendervi colla vostra virtù, e costanza, di cui il nostro nome non s'ebbe mai a pentire. Poco fa dopo la guerra degli Angioini, che altro rimedio ebbe la nostra casa stanca, ed afflitta per le passate rivolte, se non la gloria, e la stima, che alla fine ne portò seco anche la restituzione di questo nostro Stato. Tanto è anche presso de' nemici istessi prezzata, e riguardata la fede, e l'onore. E non hanno ancora i nostri sudditi dall' esempio de' maggiori nostri per noi stessi ciò fatto? Ricordatevi dell' eccellente valore delle nostre Donne di Cellino, con quanta maraviglia del mondo in quel fortunato giorno virilmente si opposero all' esercito di Ascanio Colonna per non mancare alla fede data a' loro antichi Duchi,

O

e Sie *Signori*. E non reſtò in piedi, e vive ancora dopo i *Duchi Gioſia*, *Giulio Antonio*, ed *Andrea Matteo* noſtri avventurati padri nel colmo della loro avverſa ſorte, la chiarezza, e lo ſplendore del noſtro nome? E coſì ſopravivirà a mille altri, quando voi pregiatiſſimi miei figliuoli, manterrete in ogni luogo, in qualſiſia eſilio la dignità ed autorità della voſtra ſede. A voi nobiliſſima conſorte, conſegno, e fido queſt'ultima ſperanza dello Stato, e nome Acquavivo. Con la mia morte non ſaranno già per rovinare meco queſti teneri noſtri figliuoli, non permetta Iddio, nè voglia, che queſta noſtra onorata caſa conſervata fin ora per ſua ſingolar providenza ſia eguale a queſto mio corpo fragile, e mortale, che io volentieri conſagro al mio, e voſtro onore.

Terminato il ſuo ragionamento, ed abbracciati i ſuoi teneri figliuoli parte per Peſcara.

Coſì avendo egli raggionato, ed abbracciato affettuoſamente tutti, ſi partì ſenza altro indugio alla volta di Peſcara. E quanto egli avea detto, ed i ſuoi coſtantemente promeſſo, fu dopo poche ore confermato con un fatto molto opportunamente accaduto.

Il P. Tommaſo Marotta della Compagnia di Geſù vaſſallo del Duca di Atri che poco prima erà venuto col Conte Daun di Germania, va indtri per perſuadere il Duca ad abbracciare il partito Alemano.

Era per avventura venuto in Napoli aſſieme col Conte Daun Commandante Generale degli Alemani un Padre della Compagnia di Geſù molto celebre per dottrina, e prudenza chiamato il P. Tommaſo Marotta, natìo della Città di Atri. E quantunque di parte Tedeſca ſi foſſe, non avea però giamai tralaſciato di rendere quegli oſſequi, che giudicava dovuti al ſuo natural Signore. Accommiatatoſi intanto dal Generale Daun, e forſe anche di concerto con lui ſtimò egli in tanta occaſione non eſſere da indugiare a potere muovere il Duca di Atri, e la ſua famiglia ad attaccarſi al partito Alemano, che già quaſi in tutto il Regno avea trionfato. E per ciò portatoſi frettoloſamente in Atri, ove non avendo ritrovato il Duca, che poche ore prima

ma

ma era partito per Pefcara, fi perfuafe potere indurre i fuoi figliuoli, a' quali cominciò con gran facondia ad efaggerare, che, *poichè non fi poteva più refiftere colle proprie forze a' Tedefchi, nè fi poteva fperare ajuto da' Spagnuoli, doveafi parlare di pace, e cedere al tempo. Effere già il Regno tutto in potere degli Alemani. Quindi gli confortava, pria di vedere avanti gli occhi le rapine, l'incendj, e le ruine del loro Stato, doverfi rifolvere di darfi a' Tedefchi.* In udire quefte cofe non fi fmarrirono punto i fratelli tutti, il maggiore de' quali non oltrapaffava l'anno decimoquinto di fua età, mà' intefo che ebbero doverfi eglino foggettare a' Tedefchi, ed abbandonare il partito Spagnuolo, tofto dal di lui cofpetto fparirono, come fe mai quel buon Padre, ed amorevole loro vaffallo veduto non aveffero.

Non avendo ritrovato il Duca, che era partito per Pefcara, fi sforza perfuadere i fuoi figliuoli.

Fra quefto mentre fi ritirò il Duca in Pefcara, è quì uopo farebbe formare intera iftoria di quanto egli operò, quanti perigli incontrò di buon animo per lo fuo Signore, baftando fol tanto ricordarfi, avere egli pofto in non cale, quanto erafi poffeduto da fuoi maggiori, quanto da lui acquiftato, quanto a' figliuoli, ed a Cafa fua conveniva, e gli fuoi penfieri folamente rivolti a riparare la piazza, provederla del bifognevole, accingerfi alla difefa. I fuoi ftati inondati dalle truppe Alemane, i fuoi vaffalli pofti in contribuzione, la Ducheffa fua moglie abbandonata, i teneri figliuoli fuggiafchi nello ftato della Chiefa, i fuoi arredi efpofti alle rapine, le antiche immagini de' fuoi maggiori infrante, ed oltragiate non furono baftevoli a muovere il regio, e fovrano animo del Duca, non già a feguitare la parte Tedefca, mà ne pure ad abbandonare la difefa del Regno, che in quella fola piccola piazza fi conteneva.

Ma riefcono vane tutte le fue diligenze, perche i figliuoli del Duca di Atri in fentire ciò, che gli fi proponeva, gli fparifcono d'avanti fenza ne anche più vederlo.

Ritiratofi il Duca di Atri in Pefcara attende a munire la piazza di tutto il bifognevole, e fi accinge alla difefa, fenza avere alcun riguardo alla perdita de' fuoi averi, ed alla ruina di Cafa fua.

O 2   Ed

Col prezzo de' proprj suoi argenti, e gioje forma l'erario per le bisogne della guerra.

Non potendo alla fine sperare alcun soccorso, a patti di buona guerra rende la piazza a' Tedeschi dopo due mesi di assedio.

Ed essendosi state tramate delle insidie per non farlo uscire dal Regno, egli sconosciuto, e di nascosto si ritira in Roma.

Il Duca di Atri ritirato in Roma non pretende dalla Corte Cattolica altri vantaggi, se non quelli, che riguardano il suo onore, e la gloria sua.

Dopo due anni egli si morì in Roma in età ancor fresca con una stima grande della sua letteratura, e dell' amore, e costanza verso il Re Cattolico, per il di cui servigio, e fedeltà consagrò tutta la sua famiglia, e la ricca signoria possedeva nel' Regno di Napoli. D. Francesco Acquaviva suo fratello figlio del Duca di Atri Gioseffa III. s' incamina nella Corte di Roma.

Ed avendo per bisogni della guerra formato l'erario co' proprj suoi argenti, gioje, ed altre cose preziose, privo alla fine non già di esercito, ch' el potesse assistere, mà di ogni umano soccorso, fu costretto con li maggiori onori militari capitolarne la resa. Mà perchè egli s'accorse da' suoi nemici mancato ne' patti convenuti, e a tutto ciò che conveniva alla grandezza dell' animo suo, prudentemente pensò per vie incognite ricoverarsi in Roma; e poiche, chi tutti teme in nessun cade, furono in tal guisa dalla sua gran mente tutti i famosissimi Aguatori vinti con loro Aguati.

A questa sì lodevole sua condotta quasi per consequente venendo il riguardo del profitto, che di ciascheduno, che opera, suol' essere mira, ed oggetto, egli altro fine non ebbe, che la dovuta sua gloria ed onore. Perciochè forte dannoso, egli diceva, essere il lasciare all' arbitrio del tempo, di scoprire, e sceurare il buono dal migliore, e dall' ottimo, qual' ora si può ritrarre più presto, che sia possibile, e poi attender l'utile che da sì fatte lodevoli imprese necessariamente dipende. Da questi pensieri egli mosso, e bastevolmente sodisfatto, e del gradimento particolare del Re suo Signore contento, dopo due anni del suo soggiorno in Roma, lasciò immaturamente di vivere al mondo per essere immortalmente presente alla memoria degli uomini. Nè dovrà tralasciarsi l'ultimo, e supremo eccesso di sua virtù, e grandezza, che vedendo sua casa desolata, e dall' antica sua signoria lontana, l'acquisto dell' onore, e della gloria cotanto da' suoi maggiori reputato a suoi lasciò per retaggio.

Per l'istessa via dell' onore, e della gloria incaminatosi alla corte di Roma il giovinetto Francesco suo fra-

fratello, non si può certamente ridire, a qual termine avesse ridotto le regole della società, e vita civile, da lui formate coll' antico nobile esemplare, e da sue egregie opere mirabilmente illustrate. Appena conosciutosi in Roma fu dal Pontefice Innocenzo XI. fatto suo Cameriere d'onore, ed indi a pochi mesi mandato Vicelegato a Ferrara. Di dove richiamato da Alesandro VIII. fu spedito Inquisitore in Malta. Ed avendo con singolare onore compito il suo impiego, ritornato in Roma in tempo del Santissimo Pontefice Innocenzo XII. fu da questi dichiarato Chierico di Camera; nel di cui nobile ministero potè in breve sperare buona parte di quella grazia, che da quel gloriosissimo Pontefice a' suoi ministri si dava delle belle, ed onorate cose. Perciò avvisando il Papa essere il suo talento maraviglioso riserbato a più alte, e memorande imprese, lo dichiarò suo Maestro di Camera. E tant' oltre passò in riputazione, e fama, che non solamente i Cardinali, che vicinissimi sono al Papa, ma oltre a ciò eziandio i ministri de' Sovrani, che allora erano in Roma, di inusitate lodi il commendarono. Riavutosi il vigilantissimo Pontefice da gravissima infermità mercè la sollecitudine, e cura di Monsignore Acquaviva; e pensando seriamente provedere la Nunziatura di Spagna di soggetto capace coll' autorità, stima propria, e destrezza a sostenere quel grave ministero in stagione così torbida per l'Europa tutta, rivolse gli occhi suoi all' Acquaviva, e con universale compiacimento della Corte di Roma fu destinato, ed in pochi giorni alla Corte di Spagna Nunzio della Sede Apostolica spedito.

E ben si fidò ammesso per la prima volta dal Re Carlo II. e da tutta la Corte di dovere coll' arti sue al de-

Ove in breve tempo conosciuto fa maravigliosi progressi, ed è impiegato in varie cariche di quellaCorte, colle quali fa distinguere il suo onore, e la sua destrezza.

Fatto Maestro di Camera del Papa Innocenzo XII., nella grave infermità dello stesso Papa mirabilmente si porta in sodisfazione non solo della Corte, ma anche de' Ministri Forastieri.

In quei tempi così torbidi per l'Europa viene egli destinato Nunzio nella Corte Cattolica. E quantunque il Re Carlo II. fosse gravemente indisposto, fu tuttavia ricevuto dalla Corte, ed aprì subito la sua nunziatura con maraviglia della stessa Corte di Roma.

desiato fine agevolmente pervenire. Poichè quantunque per pochi giorni avesse avuto la sorte trattare in pubblico gli affari col Re, e colla Corte. che aggravato dalla sua lunga indisposizione pareva che a momenti dovesse mancare di vivere, come in fatti avvenne, non tralasciò tuttavia raccogliere tutti quei vantaggi, che si poterono per la quiete di Europa, e per la Sede Apostolica. Stimava egli non solamente senza pietà e crudeli essere dal mondo reputati coloro, che ad altri oggetti avendo la mira, che al suo onore, alla Chiesa, alla Patria, per nudrire alle volte cose lontane, e dal proprio mestiere remote, mà ancora di poca stima, e poveri di consiglio, e di prudenza. —

Per sì fatte cose, con esse molte altre gloriosamente operate tanta, e sì grande autorità, e stima acquistò, e dignità presso l'ottimo, e savissimo Pontefice Clemente XI· e del nuovo Re Filippo V. quanta a lui fu bastevole per divenire presso tutte le altre Corti di Europa famoso ed illustre, mà non quanta per avventura si può in somma a lui dare, ed accrescere. Il Papa lo creò nel 1706. Cardinale, ed il Re Cattolico involto nelle durissime guerre contro gli Alleati, della sua prudenza, e grandezza di animo ben persuaso alla sua cura e direzzione fidò la Regina sua sposa, che colla scorta di cinquecento Cavalli dovè il gran Cardinale Acquaviva condurre in salvo in mezzo a' nemici così esterni, come domestici. Dopo infiniti travagli congedatosi il Cardinale dalla Corte, alla volta d'Italia drizzò il camino. Ed appena gionto in Roma il costantissimo Signore ebbe a soggiacere alla desolazione di casa sua per l'occupazione delle armi Cesaree del Regno di Napoli, e per la costanza non mai più udita di sua fa-

mi-

Ne' pochi mesi, che sopravisse il Re non tralasciò raccorre tutti quei vantaggi, che potè, per la Santa Sede.

Avendo riguardo il Santissimo Pontefice Clemente XI. al gran merito di Monsignore Acquaviva nel 1706. lo creò Cardinale.
Ed il Re Cattolico Filippo V. gli consegna la sua Regina per condurla in luogo sicuro dagli insulti de' nemici, col seguito di cinquecento Cavalli Spagnuoli.
Ed avendo il Cardinal Francesco tutto mirabilmente compito, e sodisfatto la Corte Cattolica, si licenziò dalla medesima e dal Re Filippo ebbe tra le altre dimostranze della sua Reale munificenza restituiti tutti gli argenti, che aveva offerto alla Corte per i bisogni della guerra, e la grazia di potere fare estrarre fuori del Regno di Napoli tutto il frumento delle sue Badie senza pagamento veruno.

miglia in feguitare il partito Spagnuolo. E niuno, che drittamente giudichi, ftimerà giamai di poco momento una tale refoluzione, di vedere co' proprj occhi la ruina di cafa fua, e dell'antica fua fignoria il totale abbandono; mà qual'ora fi fappia la via dell'onore tenuta da teneri anni dal Cardinale, e dal Duca di Atri fuo fratello, quantunque il corfo, il fiftema delle mondane cofe richiegga fpeffo il contrario, ogni ora però, che al fuo deftinato termine fia ridotta l'ardente voglia dell'onore e della gloria, per raccorre il piacere che da quella agli animi grandi deriva, non che dannofa, fi reputa neceffaria.

Partito di Spagna dopo aver fatto perdita di tutte le fue tapezzarie naufragate in Mare, egli foggiace alla perdita di tutti i fuoi averi del Regno per il partito Spagnuolo.

Strana incetta in apparenza, e dannofa perdere le proprie fignorie, per dare luogo alle ftraniere, ed attendere l'incerto, e confufo fentimento delle Corti: E pure non contento a pieno di efferfi in tal guifa fegnalato per il fuo Re, poichè altro delle fue foftanze non gli era remafto, eftinto il Duca fuo fratello, fpogliato di tutti i beni fuoi, la famiglia raminga, e fuggiafca, i teneri fuoi nipoti appena atti ad apprendere i primi rudimenti delle lettere umane, come vide il Cardinale quefti in età di poterfi ricordare effere eglino del fangue Acquavivo, lieti, e colmi di gioja fpedì in Ifpagna, facendo fapere a quel piiffimo, e gloriofiffimo Monarca, che altro non gli rimaneva di impiegare per la fua Corona, che i tre fuoi nipoti, come retagio di fua cafa, e della coftante fedeltà, ed onore. Fu incredibile il piacere di quell'amorevoliffimo Re, che in varie guife della fua Reale munificenza ne appalesò al mondo la ftima di una sì chiara, ed onorata fua gente. Lo sà Roma, lo vidde Italia, l'intefe Europa tutta, e l'Imperadóre ifteffo ne ftupì di un portento di onore, e di vera gloria così fingolare.

Da tutti viene ammirata la fua coftanza per il Re Filippo V.

Non contento di avere tutto confegrato per il fervigio del Re di Spagna, non effendogli rimafto altro, che i fuoi teneri nipoti, quelli ancora fpedifce in Ifpagna al fervigio del Re.

Ne ftupirono le Corti tutte di Europa di una fedeltà così coftante e le diedero encomj immortali.

Con

Il Re Cattolico lo dichiara Protettore de' Regni di Spagna in Roma.

Ed alla sua destrezza appoggia il Re gli affari più importanti della sua Corona, anche prima che lo dichiarasse suo Ministro.

Onde a lui, ed alla sua meravigliosa prudenza fu appoggiata la conclusione del Matrimonio colla Regnante invittissima Regina di Spagna, che egli va a sposare in Parma nel 1714., e conduce fino a Genova.

E perciò l'Italia le deve tutto ciò, che di glorioso, e felice è avvenuto per riguardo della Spagna.

Il Cardinal Francesco è dichiarato Ministro del Re Cattolico in Roma con infinito piacere di tutti.

Con tali sentimenti si nudriva sopra ogni altro in Ispagna la fama del suo talento, e della virtù sua; onde il Re Cattolico avendolo dichiarato Protettore de' Regni suoi raccolse non piccoli vantagi per la sua Monarchia, col commettere alla sua destrezza i più rilevati affari della sua Corona. Onde co' proprj occhi abiam veduto dalla sola mano del Cardinal Francesco Acquaviva rivolgersi ne' tempi non molto felici alla Monarchia Spagnuola il gran peso, e la somma de' più nascosi ed importanti affari. A lui fu dovuto l'impareggiabile matrimonio conchiuso con la non mai abastanza lodata, ed onorata Regina delle Spagne Elisabetta Farnese, fonte & origine di tutti i vantaggi, e felicità di quei Regni; di che ne ricevè il Cardinal Francesco i dovuti tributi di onore, e di gradimento non solo dalle Spagne, ma dalla nostra eziandio Italia. Ne è da maravigliarsene. Perciochè non sofferendo più la bella nostra Italia discorrimenti di altre nazioni, sperava per mezzo di quell' invittissima Regina potere una volta più lunga, e tranquilla pace godere, ed allegra vita menare; e che alla fine in spazio di qualche tempo venisse in prezzo il nome Italiano, e 'l suo antico valore. Questo deve la Spagna, e questo dovrà l'Italia al gran Cardinale Acquaviva.

Ma se crebbero per lui le vigilie, e le fatiche, che per molti anni con indefessa vigilanza ed amore soffrì in servire il suo Monarca, sperimentò egli parimente sempre via più a se inchinata, e favorevole la generosità del suo Principe; il quale dopo averlo di considerabili mercedi rimunerato, lo dichiarò alla fine suo Ministro in Roma. Avvisando il Re rinvenire in lui il più valido, e più sicuro appoggio de' dritti, e preroga-

ti-

tive della fua corona, e tutto ciò che alla felicità de'
fuoi dominj, ed alla gloria del fuo nome poteva contri-
buire. Dagli eventi di quei intricatiffimi tempi, che
dalla fua deftrezza furono egregiamente regolati, fi conobbe quanto egli valeffe nel più delicato delle politiche intraprefe, nel più neceffario, e difficile delle cofe
pubbliche, nel più fodo, ed intrigato del gabinetto, e
fopra ogni altro in quel, che a regolare, e tenere in
buon' ordine la felicità, il ripofo della Repubblica
maggiormente conduce, cioè nella fomma, e confum-
mata cognizione delle pubbliche, e private cofe. Mà
nel fiore della fua gloria, e nel colmo della fua ftima la
morte troncò il filo di quelle molte fperanze, che dalla
fua virtù, ed onòre il Re Cattolico, e Roma attendeva.

E ful bel principio
del fuo miniftero fi
vide, quanto egli
valeffe nella politi-
ca.

Ma egli nel colmo
delle fue gloriofif-
fime opere con im-
menfo difpiacere di
Roma, e dellaSpa-
gna nel 1725. fe ne
morì.

Ed ormai è opportuno il tempo di favellare de'
figli del Duca Gio. Girolamo, i quali ficome fono ftati
il fogetto dell'univerfale compiacimento, ed ammirazione preffo tutti coloro, che fortunatamente li trat-
tarono, così faranno l'ampia, e fpaziofa materia di
quefta iftoria. Il primogenito D. Giofia IV. Duca di
Atri XVI. tocco egli, e moffo dagli onorevoli ftimoli
di fua cafa nella più fervida, e frefca età della fua ado-
lefcenza fi portò in Ifpagna; lontano da tutto ciò che
fa una vita molle, e rilaffata, tutto intefo ad una feve-
riffima applicazione della fcienza militare. Ed emulan-
do egli le virtù paterne, non meno nelle armi, che
nelle lettere fu celebratiffimo, favorì cotanto i letterati, che volle havere per direttore de' fuoi ftudj l'incomparabile Cattedratico Domenico Aulifio pregio il
più raro dell'Univerfità di Napoli, il quale l'ebbe in
tanta ftima, che gli dedicò, effendo ancor giovinetto,
una delle fue opere intitolata La *Sfinge* overo *l'Interpre-*

Figliuoli del Duca
Gio. Girolamo II.
Duca di Atri XV.

Giofia IV. Primo-
genito fuccede al
Duca Gio. Girola-
mo fuo Padre, ed è
Duca di Atri XVI.

Da giovine và in
Ifpagna a militare
per il Re Filippo,
dopo haver fatto
progreffi grädi nel-
le fcienze in Na-
poli.

P

In Fiandra il Duca Giosia IV. molto si segnalò per il Re di Spagna, e nel 1704. è fatto prigione, ed indi liberato dalla Regina Anna d'Inghilterra, nel suo ritorno in Italia al 1710. muore in Lion di Francia.

Succede al Duca Giosia IV. Domenico odierno Duca di Atri XVII. figlio secondogenito del Duca Gio. Girolamo II.

E da giovinetto è bene istrutto ne' studj delle scienze così della pace, come della guerra.

Fu egli il Duca Domenico tra i primi, che seguitarono il partito Spagnuolo; lasciando a tal effetto la casa paterna.

te dell' Africa Occidentale con le sue Isole, il qual M. S. in Napoli si conserva. Dopo varie dimostranze del suo valore in diverse battaglie in Fiandra, ed in Ispagna per il Re Filippo suo Signore, per le quali fu maravigliosamente onorato dalla Regina Anna di Inghilterra, che fatto prigioniere dal famoso Milord Generale Marlburgh in Fiandra, volle subito fosse libero; e con tutti i segni della maggiore stima rimandato in Ispagna, ammalatosi gravemente nel ritorno designava fare in Italia per prendere il possesso della sua vasta signoria, lasciò di vivere in Lion di Francia.

Fu chiamato immantenente alla signoria de' suoi stati D. Domenico odierno Duca di Atri XVII. e X. Principe di Teramo, di cui solo di passaggio si potrà favellare, per non dar pena più tosto, che piacere al suo gentile, e modesto costume. Egli dunque non lungi dalle massime del Duca suo padre, e del Cardinale suo zio nelle più nobili, e culte discipline da teneri anni istrutto hà mostrato ben corrispondere a' forti stimoli, con cui cingere il giovanile suo cuore davano le mutule, ma pur troppo efficaci immagini de' suoi maggiori. Ed acceso di quella gran fiamma propria de' suoi di fedeltà, e di amore verso il proprio suo Principe, ne arse in guisa tale, che vita e beni, agio e riposo a sì nobile, ed onorata passione costantemente consagrò. Egli fu il primo tra tanti Signori dell' età sua, che tocco, ed infiammato nel più vivo, e delicato dell' animo suo, ad opere grandi, e generose si accinse, ed a mantenere i dritti del Re Cattolico suo signore a costo di sudore, e di sangue ne mostrò l'impegno. Questa virtù, ed onore, che hà formato il carattere della sua gente Acquaviva, poichè nel petto del Duca niente riconosce dal cie-

cieco fregolato arbitrio della fortuna, con sì ftretto, ed indiffolubile vincolo hà congionto l'animo fuo generofo, che in quello, come in fuo Reale albergo da maeftofa fovrana fembra foggiornare. Celebrato molto, ed in grandiffima idea era il nome Acquavivo nella Spagna, e l'immagine ancora viva, e chiara di quelle fuperbe imprefe, che i di lui ragguardevoli antenati a gran copia in guerra, ed in pace pel corfo di più fecoli gloriofamente operarono. Mà qual'ora fi manifeftò in Ifpagna, e comparve in pubblico il Duca D. Domenico, quafi nuova fcoverta, e nuovo acquifto fopra tutti gli altri del nuovo mondo pregiabile fu reputato.

In Ifpagna, ove egli andò giovinetto, è molto celebrata il fuo fpirito, ed il fuo onore, e fedeltà per il Re Filippo.

Morto il Marchefe d'Acquaviva fuo fratello, come fi diffe in Lion di Francia, e fucceduto egli alla primogenitura di fua cafa, penfar doveva alla confervazione della medefima; mà tutto egli intento al fervizio del Re, come intefe moffe le armi Spagnuole alla volta d'Italia, volle effere il primo a comparire nel teatro di quella guerra. E da giovinetto che egli era fatto Colonnello d'un regimento di Cavalleria tra' primi fi portò in Sicilia. Ove efpoftofi col folito fuo valore, e coftanza a cimenti più pericolofi di quella campagna, nella famofa battaglia di Melazzo col fuo regimento di Cavalli fu il primo a penetrare nel campo Tedefco, che occupato aveva le vicine campagne, e gittatofi coraggiofamente in mezzo a' nemici li ruppe, e fugò in guifa tale, che prigione rimafe quafi tutta la Cavalleria col Generale Veterani; e fe non aveffe avuto il refto dell'efercito Tedefco il ricovero nella piazza di Melazzo, e l'ajuto delle galere di Napoli, che la Cavalleria Spagnuola allontanarono dalla fpiaggia, farebbe

Quantunque egli penfare doveffe alla propagazione della Cafa, ad altro però non drixò le fue cure, che al fervigio del Re.

Onde appena moffe le armi del Re per l'Italia nel 1717. volle effere il primo nella fpedizione e militare nelle truppe Spagnuole.

Nella battaglia de' 15. di Ottobre del 1718. comandando il Duca di Atri un regimento di Cavalleria fu il primo a penetrare nel campo Tedefco. Che pofe in fuga, e fpogliò del bottino fatto poche ore prima, e fa prigione il Generale Veterani.

cer-

Fu però egli ferito
mortalmente, on-
de e costretto riti-
rarsi dal campo.
E crescendo il pe-
ricolo della sua vi-
ta è trasportato
per Mare in Roma
per riaversi da'
danni sofferti.
Gionto in Roma
tra il dispiacere
della sua infermi-
tà reca non poca
còsolazione al Car-
dinal Francesco suo
zio.
E prodigiosamente
ricupera il braccio
destro, trapassato
da palla di mo-
schetto, che il suo
naturale vigore af-
fatto perduto avea.
Il Cardinal Fran-
cesco suo Zio lo
persuade ad atten-
dere alla propaga-
zione della Casa,
ma egli il Duca
senza fargli sapere
cosa alcuna, na-
scostamente ritor-
na in Sicilia alla
seconda Campagna.
Ed interviene in
tutte le azioni mi-
litari di quella
Campagna con mi-
rabile valore.
Il Duca coll'ar-
mata Spagnuola si
ritira in Ispagna.
E sposa D. Eleono-
ra figliuola del
Principe Pio.
Dal Re Filippo vien
accolto benigna-
mente con tutti i
segni di amore, e di
stima, e dopo aver-
lo rimunerato di
grandissime merce-
di, gli conferma
il Grandato di Spa-
gna di prima clas-
se, e gli conferisce
l'insegna del Toson
d'oro.

certamente in quella giornata terminata la guerra, e l
destino d'Italia. Ferito il Duca mortalmente non volle
lasciare il campo di battaglia, fin tanto che non vidde
gli effetti della vittoria. In tanto tra le ferite, ed i nuovi disagi, che trae seco il mestiere della guerra, avan-
zatosi notabilmente il pericolo di sua vita fu trasportato per mare in pochi giorni in Roma. In parte conso-
lato il Cardinal Francesco suo zio, se porre in opera
tutta l'arte de' medici per restituirlo nella pristina sua
robustezza. E Dio volle, che per sua speciale grazia
ricuperasse il braccio destro, che il suo naturale vigore
perduto affatto avea. Credeva il Cardinale, che il Duca suo amatissimo nipote rivolto avesse i pensieri suoi
alla tanta sospirata propagazione della Casa, e dalle
sofferte disgrazie reso più cauto meditar dovesse il suo
ritorno in Ispagna. Mà egli nulla, o poco curando le
sollecitudini del Zio, e l'amore de' suoi inaspettata-
mente, e di nascoso ritornò in Sicilia. Ed in tutte le
azioni, in tutti i cimenti volle essere presente per tutto
il tempo, che furono in moto le armi Spagnuole; e se
il destino d'Italia non avesse altrimente disposto, maggiori, e più cospicue riprove egli averebbe dato del
suo coraggio, e valore.

Ritiratosi adunque coll'armata in Ispagna, alla
splendida grandezza di sua famiglia aggiunse anche
quella del parentado conchiuso colla nobilissima Signora D. Eleonora Pio chiarissimo germe della antica
Signoria de' Principi Pii. E poichè egli era decorato
del Grandato di Spagna di prima classe, vi aggiunse il
Magnanimo Re Filippo V. anche l'insegna del Toson
d'oro. Non era però il suo merito trà sì angusti limiti
stretto, e conchiuso, che contener si dovesse ne' soli

con-

confini degli onori, e de' titoli, fenza far paffaggio ad altri più cofpicui, ed illuftri, fu intanto dal Re rimunerato di grandiffime mercedi; ed effendo vacata la nobil carica di Capitano delle fue guardie Italiane, la conferì di buona voglia al Duca. Con ciò fatto egli conduttiere della più brava, e diftinta milizia di quel potentiffimo Monarca, potè più facilmente avvicinarfi al fuo Signore, dalla Corte effer più conofciuto, ed il fuo gran animo, e mirabil talento nelle pubbliche, e private cofe effer ammirato. Onde in breve tempo egli è divenuto lucido fpecchio di fincera religione, efemplo d'alto e divino fenno, teforo di profonda e vera dottrina, viva fembianza di nobiltà, fingolar pregio di quelli divitiofiffimi Regni, e celebratiffimo al nome fuo. Poichè non v'è niuno, a cui fia nafcofo l'ammirabile fuo modo di trattare, ne v'è ordine di perfone in Ifpagna, a cui non fia nota quella gravità fignorile propria de' grandi Principi, che ha fatto ftupire i Miniftri tutti de' Principi ftranieri. E da tutti vien commendata quell' eccelfa prudenza, e politica, per cui è ftato reputato pregiatiffimo, dirò così, architetto dell' arte de' gran maneggi. Onde la Spagna, e l'Italia, e chiunque ha avuto feco amichevole domeftichezza fi è a chiare note perfuafo, che nel Duca di Atri D. Domenico più che in ciafchedun' altro riluce, oltre i feudi, titoli, e grandezze, il più chiaro ed antico fplendore del fangue Acquavivo.

D. Ridolfo poi terzogenito altro fratello del Duca è degno più tofto d'ammirarfi, che d'imitarfi nell' efercizj della guerra, tra quali da fanciullo nudrito, e da giovine in Ifpagna in grandiffima reputazione avuto, per molte fegnalate cofe, che egli ha operato nella guer-

E di là a poco lo dichiara Capitano della fua guardia Italiana del corpo. Il fuo nobile maravigliofo talento è per molto confiderato in Ifpagna dalla Corte. Per cui egli il Duca fi diftingue in quella Corte negli affari anche politici. La fua generofità, grandezza, ed onoratezza dà ammirazione non folo a' Signori di quella Real Corte, ma anche a' Miniftri grandi de' Principi efteri. Per le quali doti dell'animo fuo ha fatto conofcere a tutti, quanto egli fia meritevole del primo luogo tra tanti illuftri Perfonaggi della fua Famiglia, e della benevolenza particolare del Re, e della Regina di Spagna. D. Ridolfo terzogenito del Duca Gio: Girolamo II. da giovinetto anche lui mandato in Ifpagna dal Cardinal Francefco fuo Zio, ed applicatofi al meftiere della guerra fi è con iftupore di tutti refa celebre. Dopo le Campagne di Sicilia, e di Ceuta, nell'affedio di Gibilterra fu affai commendato. Onde fi ha acquiftato l'amore della Corte, e per il fuo nobile generofo coftume è in gran preggio nella Spagna.

guerra di Sicilia, di Gibilterra, e di Ceuta per servigio del Re Cattolico, ha goduto non solo la fortuna del compiacimento di quel Monarca, ma di tutto quello ancora, in cui la magnanimità Reale potè i suoi effetti mostrare. E divenuto alla fine le delizie della Spagna, ci dimostra tuttavìa ad evidenza, quanto ragionevolmente sia stato fatto degno del distinto amore di quella Corte.

D. Trojano quartogenito del Duca di Atri Gio: Girolamo II.
Allevato in Roma in età di nove anni dal Cardinal Francesco suo Zio, dimostra nella tenera sua età un gran spirito, per cui vien destinato dal Zio per la Corte di Roma.
È mandato in Ispagna dalla S. M. di Clemente XI. a recare la Beretta Cardinalizia al Cardinal d'Arias.
Ritornato in Roma con segni di mirabile sua riuscita è mandato Vicelegato in Bologna.
Ed essendo vacante la Sede Apostolica per la morte del gran Pontefice Clemente XI. fa in Bologna le parti del Legato, con tanto piacere di quella insigne Città, che alla sua grandezza ed onoratezza fanno per ordine del Pubblico Senato riscolpire il nome suo in una medaglia di oro, argento, e rame, nel 1721.

Il quartogenito D. Trojano ampliſſimo ora Cardinale di Santa Chieſa, nel ſeno limpidiſſimo del Cardinale Franceſco ſuo Zio allevato non potè non eſſere fornito di quella gloria, di quella generoſità, di quell' avvenenza, e di quell' amore del giuſto, e dell'onore, che a magnanimi animi conviene. L'ammirò fin da giovinetto la Spagna, ove egli ſi portò a recare l'inſegna Cardinalizia al Cardinal d'Arias Arciveſcovo di Siviglia, d'onde ritornato fu mandato Vicelegato in Bologna, che non ſazia giamai abaſtanza del ſuo nobile, ed onorato modo di governare, eſſendo nel 1721. vacante la Sede Apoſtolica, e remaſto egli per Legato, ne fè ſcolpire, come quì ſi ravviſa, in metallo, argento, ed oro le glorie del chiaro ſuo nome per perpetua ricordanza de' ſuoi Cittadini, e Foraſtieri.

Di

Di là paſſato in Ancona fece quella ben ſubito manifeſto al mondo, non avere in altri tempi con maggior tranquillità goduto il bello della giuſtizia, che ſenza ombra di ſordido intereſſe a tutti ſi amminiſtrava, condonandoſi tal'ora anche ciò, che lo ſtile del foro, e'l coſtume del luogo richiedeva, poichè l'umili coſe ſchifando all'alte di ſalir ſi argumentava. Dalle quali coſe niuno potè dubitare, che egli in tutti i tempi, in tutti i luoghi ſia ſtato l'arbitro de' popoli a ſe commeſſi, ed al ſuo governo ſoggetti; quando l'uſo di queſta buona politica approvata dal conſenſo de' ſavj ne doveva avere l'impero, e'l dominio. Ebbe poſſanza il quotidiano uſo di queſta ſoprafina avvenenza di vincere l'autorità de' Sovrani a lui incogniti, di conciliarli l'amore della S. M. di Benedetto XIII., e del feliciſſimo regnante Sommo Pontefice Clemente XII., in averlo il primo dichiarato ancor giovine ſuo Maeſtro di Camera, e Maggiordomo del Palazzo Apoſtolico, e'l ſecondo con infinito piacere di Roma Cardinale. E queſto perchè? Perchè in ogni tempo è ſtato reputato e più bello, e migliore, conoſciuto ed approvato dal conſenſo univerſale delle genti il ſuo nobile, maeſtoſo, e ſincero modo da trattare. Conciofiachè generalmente gli uomini volendo uſare quella balia, di cui dalla natura gliene è in certo modo ſtato dato il dominio, allora, come ſuol dirſi, vengono queſti ſignoreggiati a bacchetta, quando volgendoſi, e rivolgendoſi, all'utile, al grande, ed all'oneſto, a cui naturalmente vengono portati, neceſſariamente s'attaccano. Niuno è partito giamai da lui non contento, niuno dalla ſua imparegiabile munificenza non è reſtato pago, e ſodisfatto, niuno in breve non colmo della ſua generoſità, giuſtizia,

e gran-

Era il Cardinale in gran concetto in Ispagna per i meriti particolari di tutta la sua Casa.

Onde la Corte di Spagna nella mossa delle sue armi nell'Italia dell'opera sua valendosi alla sua destrezza appoggia quella spedizione del 1733.

Nè lasciarono le nazioni tutte commendare la sua destrezza in quelle intraprese.

E sopratutto è stata lodata la sua prudenza, e vigilanza nel passaggio delle truppe per lo Stato Ecclesiastico, acciò senza strepito veruno, e con la maggiore tranquillità di quei popoli tutto si facesse.

Egli il Cardinale con particolare munificenza nella terra di Monterotondo alloggia tutti i Signori più distinti della Corte, e dell'esercito a sue spese, oltre egli altri contrassegni dati dalla sua grandezza.

Impadronitosi del Regno di Napoli l'esercito Spagnuolo si porta in Napoli anche il Cardinale.

Ed accolto da quella Città con infinito amore, ed ossequio, in buona parte ella confessa dovuta la sua felicità al Cardinale Acquaviva.

e grandezza; onde tutti insieme di ammirazione oltremodo pieni, la Corte di Roma ne riempirono.

L'avere già fin da giovinetto il Cardinale D. Trojano trattato il Re Cattolico aveva impresso in quell' animo sì grande, e della Regina sua Sposa idee affatto stupende del suo talento, e ne avea già la Corte in varie, e diverse guise fatto pruova della sua avvedutezza. Quindi nella mossa delle armi di Spagna nell'Italia stimò quell'avvedutissima Corte ritrovare autorità tale nella persona del Cardinale Acquaviva, che valesse a condur in porto, quanto da essa si meditava. E poichè egli fu l'ogetto di tutti in quella sì ardua intrapresa, ciascheduno ne appalesò alla notizia de' lontani popoli la bella maniera sua, la prudenza, e la destrezza, con cui lungi da strepiti delle armi, e dalle confuse idee, e divisamenti di tanti armati lo Stato Ecclesiastico sostenne il passaggio dell'esercito Spagnuolo. Non perdonò egli ad infiniti disagi, ed immensi dispendj; acciò tanti Signori, quanti militavano nelle truppe Spagnuole, fossero proveduti abondantemente delle loro bisogne. In somma mercè sua prudenza, e grandezza si conservò nella perturbazione generale d'Italia, non solo la tranquillità, ma ancora con tante, e sì diverse Nazioni la società civile.

Impadronitosi del Regno di Napoli l'esercito Spagnuolo, e con incredibile felicità gli ordini tutti, e le città del Regno alla sua ubbidienza, e dominio ritornati, per quella volta, per ove penetrato era l'esercito, s'incaminò anche il Cardinale. Ed entrato in Napoli si osservò quella inclita Città nel colmo di sua prosperità collocata. E mercè sue non leggiere fatiche, industrie, e maneggi si vide in un subito sorgere quel Regno

gno alla più defiderata, e con infinite lagrime fofpirata
fortuna. Dopo aver acclamato con infinito contento
il novello Re Carlo Borbone, in tal guifa fu pofto in
ftato a non più fervilmente ubbidire a Nazioni ftraniere, e con cio ebbe la forte, ed il vantaggio, che il fuo
naturale Re, e Signore al pefo del governo i proprj
fuoi fudditi, e figli chiamando, e 'l prifco valore della
bella Italia fvegliando, nella più vaga, e più ricca
parte di effa fignoreggiaffe.

In tanto non folo non era la memoria fuggita de'
benefizj già ricevuti dal Re Cattolico, ma fempre più
nel Cardinale coll' amore verfo del Re fi nudriva, e
crefceva il defiderio di manifeftargliene i piu vivi, e
finceri atteftati, che baftaffero in qualche modo rendere lui grazie per grazie, ed a confermare nella fua reale mente coll' efprefione de' fuoi più diftinti offequj la
memoria de' fuoi, tanto gloriofa per tutte l'età paffate,
in quei regni. Per ciò efeguire partitofi di Napoli,
inafpettatamente fi conduffe in Ifpagna. Questa dimo-
ftranza del fuo amore ed offequio fu così accetta, e gradita da quell' invittifsimo Monarca, che lunga pezza
andò penfando, in qual forma e più diftinta poteffe mo-
ftrarne la gratitudine. Benché la fua grata prefenza, e
quella fua maeftofa portatura dimoftraffero, che egli
era non folamente nato di onoratifsimi natali, ma che
altresì naturalmente portato foffe a grandi e nobiliffime cofe, volle tuttavia il Re penetrare gli aditi più
nafcofi della fua mente, ed in varie e diverfe maniere
tentare come quello poteffe offervare. E fcernendo il
Re tra i difcorfi, e divifamenti del Cardinale i lumi di
quell' arte della politica, e dello ftato non meno fpefsi,
che in noi nella ferena notte fi moftrino le ftelle, e non

Q   con

Avendo egli ren-
duto i dovuti par-
ticolari offequj al-
la Real Corte di
Napoli, e memore
degli obblighi grá-
di da lui profeffati
alla Maeftà Cat-
tolica; con quella
occafione s'imbarca
fopra una regia
Nave di guerra, e
và in Ifpagna.

La fua gentil por-
tatura, e 'l fuo no-
bile coftume cono-
fciutofi dalla Cor-
te Cattolica gli fa
meritare tutti i più
diftinti onori di
quelle Regnanti
Maeftà.

Ed il Re, e la
Regina ne fanno
pruova in varie oc-
cafioni, in cui vol-
lero fentire il fuo
parere, e ne refta-
no maravigliofa-
mente fodisfatti.

con minor luce, che in qualunque più lodato miniftro di ftato rifplendeffe. E quella fua natural leggiadria, e grandezza infieme, che a guifa di quelle vaghe donne belle fono, perchè fprezzano la bellezza, fenza affezzione manifeftandofi a tutti, gli apri certamente la via ad incontrare, e raccogliere i più confiderabili onori di quella Corte.

Onde uopo facendo al Re avere un Miniftro in Roma, che coll'autorità, e deftrezza oltremodo in quella Corte fi prevaleffe, ivi lo deftinò fuo Miniftro, e della Reale Corte di Napoli: Al primo rumore di quefta notizia ficome la Città di Roma impaziente lo attendeva, così non è forte il comprendere con quanta ardenza di amore lo defideraffe il Papa fuo amorevoliffimo Creatore. Quindi appena gionto in Roma il Cardinale gli renderono grandi onori tutti gli ordini delle perfone, allegrezza della fua venuta dimoftrando, e larga corona di felici avvenimenti gli fecero. A quefte cofe Roma penfando al fuo allegro ftato trahendolene, certe fperanze concepì, che egli in breve rivolgere doveffe a grandi vantaggi fuoi i penfieri, e lo ftudio fuo, e con effe ancora tante cofe, e così perfettamente a compire, quali ella per lo fpazio di molti anni nel folo nome di Cafa Acquaviva avea ripofto. Ed il gran Pontefice CLEMENTE XII., che per le ampie vie ed onorevoli della vera gloria i paffi fuoi indrizzando alla fovranità della Chiefa è giuftamente pervenuto, havendo egli fempre confiderato la fua immagine efpreffa al vivo nel Cardinale Acquaviva, come il potè colla fua paterna benevolenza per la prima volta trattare, non andò la Monarchia Spagnuola lungo tempo di fue fperanze lontana.

Poi-

Il Cardinale D. Trojano Acquaviva effendo ancora in Ifpagna, è dichiarato Miniftro in Roma di Spagna e della Real Corte di Napoli nell'ultimo giorno di Ottobre del 1734.

Appena gionto in Roma a' 20. di Marzo del 1735. fù grandemente onorato dalla Città di Roma, la quale fempre avea avuto in gran pregio la Cafa Acquaviva.

Ed il Papa fuo amorevole Creatore lo accoglie con fegni di particolare affetto, e ftima.

Poichè quella maravigliosa opinione del Cardinal concepita dalla Corte Cattolica, la quale si vide non avere nè termini, nè confini, ne' quali contenere si dovesse, e che poteva valersene ovunque la bisogna il richiedeva, indusse il Re Filippo a volerlo suo Ministro in Roma. E nel mentre ancora il Cardinale si ritrovava in Ispagna, volendo il Re Cattolico nominare all'Arcivescovado di Toledo il suo Real Infante D. Luigi, ordinato avea al suo Ministro in Roma, che ne chiedesse al Papa la dispensa, e la facoltà di poterlo fare amministrare benchè in età di nove anni come Commendatore, finchè giunto fosse all'età di poter conseguire in titolo l'Arcivescovado. Riuscì vana ogni premura del Ministro, poichè dal saviissimo Pontefice si giudicava, che con una tal grazia si sarebbe fatta la vera provista nella parte temporale, ed avrebbe il Serenissimo Infante ottenuto il pieno dominio delli frutti secondo le regole delle Commende moderne, e si sarebbe distrutta la vacanza dell'Arcivescovado contro lo stabilimento de' Canoni, e delle Costituzioni Apostoliche. Con ciò vedea bene il Re, che la Corte di Roma sarebbe stata ferma nel suo proponimento, e che le difficoltà che incontrava l'affare, sembravano insuperabili. Ma dopo che il Cardinale Acquaviva nella Corte di Spagna era passato, aveva in buona parte persuaso la Corte degli affari di Roma, ove egli da fanciullo allevato grandissima parte di molte cose, che essere gli solevano familiarissime, n'era la memoria rimasa, da potere recare così allora sprovvedutamente in pruova di ciò, che per l'affare di Toledo farsi dovea. Il che quantunque paresse alla Corte di Spagna arditamente detto per le difficoltà grandi, & ondeggiamenti,

Il Re Cattolico havendo fatto chiedere al Papa la dispenza per il suo Real Infante D. Luigi di potere amministrare l'Arcivescovado di Toledo, incontra delle difficoltà.

Ma il Cardinale Acquaviva ritrovandosi ancora in Ispagna insinua alla Corte quello, che nell'affare di Toledo si dovea fare per ottenere la grazia dal Papa.

Q 2   che

che s'incontravano, furono nondimeno il Re, e la Regina talmente affidati alla deſtrezza del Cardinale, come ſe per ſoprana virtù le coſe tutte, che avvenire doveano, prima che ſi penſaſſero, chiaramente vedeſſero.

Onde a lui viene appoggiato un ſì grave affare, è preſtamente ſpedito in Roma.

Accolto come ſi è detto, in Roma il Cardinale con infinita benignità dal Papa, e ne'primi diſcorſi ſeco avuti, ſi venne nella Queſtione dell'affare di Toledo, per cui egli era, tra gli altri carichi del ſuo miniſtero, così preſto venuto. Et avendo cangiata la forma dell' Iſtanza del Re, mutarono anche ſembianze le inſuperabili difficoltà, che con tanto ardore eranſi oppoſte. Il che credere convenne a tutti, poichè colla ſua ammirabile deſtrezza, propoſe di laſciare intatta la vacanza della Chieſa, e di riſerbarne la proviſta al tempo legitimo, e la Commenda temporale ſi reſtringeva ne' termini delle Commende antiche. E benchè queſte abolite foſſero dal S. Concilio di Trento, tuttavia alla ſeverità del Concilio ſi poteva agevolmente diſpenſare coll'eſempio di S. Pio V., poichè in tal guiſa il Commendatario non acquiſta dritto alcuno, ma diceſi ſemplice procuratore, e legittimo amminiſtratore de'frutti, de'quali non può tuttavia diſporre, come di coſa propria, ma bensì gli dee diſtribuire ſecondo le regole Canoniche. In oltre aſſeriva, da quella grazia chiaramente derivarſi un'immenſo cumulo di benefizj alla Religione, ed al Clero di Spagna, averſi in conſiderazione i particolari meriti del Re Cattolico, l'ottima indole del Real Infante, e tra gl'altri molti peſantiſſimi motivi con maggior felicità promoverſi la conſervazione di Orano alla Dioceſi di Toledo ſottopoſta, ed introdurſi i chiari lumi della noſtra ſanta Fede nelle Terre
re

Accolto il Cardinale con grande amore dal Papa, comincia a trattare l'affare di Toledo ed avendo cangiato l'iſtanza ſi viene alla reſoluzione di ſì grave negozio.

Allega il Cardinale raggioni tali, per cui ſi ſuperano le grandi difficoltà, che da principio ſi erano oppoſte.

re degli Infedeli. Lodò il Re, e la Regina la diligenza del Cardinal Miniſtro poſta nel richiamare quaſi a vita un diſanimato affare; ed il gran Pontefice CLEMENTE avendo richieſto di bel nuovo il parere de'Cardinali, ed aſſicurata la ſua coſcienza, e la libertà de'Pontefici ſucceſſori, non potè non ſecondare le ſue premure. Onde di buon animo, e con tutte le maggiori prerogative accordatoſi il deſio del Re, il Cardinale la ſoſpirata inſigne grazia ottenne.

Onde avendo il Santiſſimo Pontefice Clemente XII. fatte eſaminare le raggioni tutte, alla fine con infinito piacere della Corte Cattolica, e con tutte le maggiori prerogative, ed onori, accorda la grazia per il Reale Infante, e glie ne ſpediſce ampliſſimo Breve a' 12. Settemb. del 1735.

Queſta grand'opera del Cardinale Acquaviva, che alle più coſpicue, e più perfette ſi accoſta, ſicome ſingolar ſtima preſſo la Corte Cattolica gli accrebbe, così ancora giovevole, e profittevole ſi vide a quella di Roma. Poichè in tal guiſa nella ſua opinione avendo tratto la Corte di Spagna, cagion fu, che il Re della Corte di Roma maraviglioſamente ſi dichiaraſſe ſodiſfatto. Ed il Papa, che con tanto amore verſo i Romani ſi era moſtrato, benchè con infiniti diſpendj ſi foſſe procacciato ornare ed arricchire la Città di Roma di fabriche ſuperbiſſime di molta ſpeſa, a marmi, & ad oro lavorate e riſplendenti, viliſſime tuttavia coſe giudicava, ſe di un qualche fregio da molti ſecoli non veduto il Sacro ſuo Collegio non adornava. Volle per ciò di proprio ſuo moto aſcrivere tra lo ſplendidiſſimo Ordine de'Cardinali il Real Infante D. Luigi già deſtinato Arciveſcovo di Toledo. E queſta dimoſtranza del Pontefice verſo il Re di Spagna fu così a quello accetta, e gradita, che egli ancora pende il dubio, a qual delle beneficenze Pontificie maggior lode doveſſe dare, ed accreſcere.

Da queſta grazia ottenuta raccoglie il Cardinale immenſi encomj dalla Corte, e da' Spagnuoli. E ſtringe cõ perfetto ſtrettiſſimo vincolo di amore le due Corti di Spagna, e di Roma.

Onde il gran Pontefice Clemente nel 1735. di proprio ſuo moto aſcrive al Sacro Collegio de' Cardinali il Real Infante D. Luigi.

Con ciò l'avviſo de'Spagnuoli non vano ritornando cominciò il Cardinal Miniſtro a raccogliere frutti

E da queſta vicendevole benevolenza delle due Corti raccoglie il Cardinale conſiderabili vantaggi per la Corte di Spagna.

co-

copiofiffimi delle fue induſtrie; e gli venne fra breve tempo sì ben fatto, che per vicendevole amore di quelle due Corti egli ottenefle tutto ciò, che non s'otterrebbe altramente. Fu da lui promoſſo l'Indulto a favore del Real Infante Cardinale di poter conferire qualſiſia benefizio della vaſtiſſima Metropolitana Diocefi di Toledo da fe folo, e con nuova forma penſato, fu giudicato convenevole doverſegli concedere. Lo ſteſſo fu accordato pel Cappellano maggiore degli eferciti di Spagna, ed un altro proprio per le Truppe Spagnuole; e quindi, quanto agevole fia ſtato alle cofe già cominciate aggiugnere, e quanta fodisfazione, e piacere in tutte le altre infinite cofe fiaſi recato al Re Cattolico i Spagnuoli iſteſſi, ed i Romani ne rendono teſtimonio.

I Spagnuoli nel paſſaggio fatto per lo ſtato Eccleſiaſtico per la vigilanza del Cardinale Acquaviva molto ſi affezionano a quei popoli per la loro eſatta diſciplina.

In tanto nella più tranquilla pace, e quiete ripoſando la Città di Roma, buona parte di quella al Cardinal Acquaviva ſi giudicava dovuta. Poiche nel generale paſſaggio fatto da' Spagnuoli per lo ſtato della Chiefa verſo il Regno di Napoli eranſi queſti sì grandemente affezionati per l'eſatta loro diſciplina a quei popoli, che eglino non più foraſtieri, e foldati, ma noſtrali, ed amici venivano generalmente reputati. In queſta sì bella maniera invitati gli animi degli Italiani all'amore di una Nazione ſtraniera, in guiſa sì femplice ſi procedeva, ogni cofa fuggendo, che alla focietà, all'amore, ed alla ſtima poteſſe recar contraſto. Mà

Ma tal'uno comincia a ſdegnarſi dell'arrolamento fatto alle truppe Spagnuole di alcuni nazionali Romani, ſul motivo che ſi foſſe violentata la di loro libertà.

ſotto queſto amore, che ridondava a grande invidia del nome Spagnuolo, cominciò tal'uno a ſdegnarſi, ed adirarſi, ed altri ſi perſuaſero di eſſere divenuti i Spagnuoli partitori de' Romani ſotto l'ombra di moſtrarſi con larghe mercedi loro benevoli ed amici. Onde fentiſſi di-

dire ormai la libertà essere spacciata, e le cose ridotte a stato tale, che si dovesse fare, e pensare per resistere alla violenza; e così dicevano nessuna cosa essere più facile, nè più da disprezzarsi, che quelli, i quali ardivano disprezzarli.

Penetrate le querele de' Romani al Cardinal Ministro, non tralasciò egli porre in opera tutte le arti della sua prudenza, poichè fatti subito chiamare nel Palazzo di Spagna tutti gli Offiziali Spagnuoli, ad essi in pubblico appalesò la mente del Re con agramente avvertirli e minacciarli della Reale indignazione, e di tutti i maggiori gastighi, qual' ora avessero ardito contro il divieto del Re, che nelle sue lettere patenti espressamente proibiva ogni violenza per chi voleasi arrolare alle di loro Truppe, il Popolo Romano disgustare. In questo mentre erano per avventura in Roma presso il Palazzo Farnese, in una casa alcuni de' soldati arrolati in custodia con il maggior agio ritenuti, quando un di essi il popolo sollecitando, la sua libertà cominciò a gridare esser stata offesa, e gli altri al favor del tempo accomodandosi nella stessa guisa si querelarono. Così al primo rumore commossa a poco a poco la plebe, come si vide troppo allungato accorsero gli avveduti Ministri del Governo di Roma, e già buona pezza col senno, e con la voce a sedare il popolo si affaticarono. Ma vana impresa, e soverchia, dove son preste le operazioni, fu stimata la pruova delle parole. E quantunque il Governo, ed i Ministri del Papa, ed i Romani stessi fossero stati fatti chiari di quanto avea comandato il Cardinal Ministro di Spagna, come si è detto, agli Uffiziali Spagnuoli, pur tuttavia senza alcun appoggio, e pieno tutto di discordanze, e senza pensare alla saldezza, e de-

Di che avendo notizia il Cardinale Ministro di Spagna avvertisce, e minaccia tutti gli Uffiziali, acciò non si disgustasse il popolo Romano.

Ma alla fine il popolo comincia a tumultuare vicino al Palazzo Farnese.

Accorre subito il Governo di Roma, ed in quella parte è sedato il tumulto.

debolezza delle voci fparfe , e di quelle cofe che furono recate avanti contro tutta la generofa , e nobiliffima Nazione Spagnuola , non fi potè comprendere , che dietro a sì fatte confiderazioni nafcere poteffe maggior dubbio , di che altri affai leggiermente non doveffe deliberarfi . Fu fedato in quella parte il tumulto , ma fubitamente in altra più furiofamente accefo . Preffo l'Onde del Tevere fi rifvegliò quell' ardito moftro tra mifera audaciffima gente , ed allora un di effi più feroce col favore de' chiamati in fuo ajuto fi mife nella più folta turba gridando , *io appello , io chiamo la fede di Traftevere , e della plebe , ajutatemi o Cittadini , ajutatemi Commilitoni* . Moffi da quefto gli altri , e ftimolati fi pofero a ordine , come fe aveffero a combattere in modo , che e fi poteva temer quivi ogni pericolo , e che neffuno averebbe alcun rifpetto , o di pubblica , o di privata giuftizia . Scorfero furiofamente per alcune ftrade di Roma , e la nobiliffima Nazione Spagnuola commoffero , e turbarono . E benchè penfaffero molte fcellerate cofe , non che le menaffero a compimento , tante però fvegliarono in quella Città , e nello ftato alla focietà civile , ed alla Repubblica turbolenze , e danni , di quanti fi è dolfuta la maggiore,e più fana,e più nobile parte di effa .

Si meditava da taluni in tal guifa ofcurar la gloria del Cardinal Miniftro , ma come gli effetti aperto ci moftrarono , fi è a chiari occhi conofciuto , ed emendato il lor trafcorfo . E l'accortiffimo Miniftro del Re fecondo l'avvifo del Poeta Dante avendo feco la bella compagnia , che l'uom francheggia fotto l'usbergho di fentirfi pura , e fcevera da ogni difetto , poichè egli fi ricordava , che in tanti anni , ne' quali da tenero fanciul-

Ma fi rifveglia di nuovo in Traftevere , di dove fcorrono per alcune contrade di Roma con gran difpiacere della Nazione Spagnuola .

E la maggiore , e più fana , più nobile parte di Roma ne riceve infinito difgufto .

ciullo trattato avea la Corte di Roma, non era stato giamai a veruno grave, e nojoso, altro dispiacere non intese fuorchè quello, che necessariamente recar si dovea al Papa suo benefattore, ed al Re di Spagna suo Signore. E per verità se mai debba aver luogo, e commendarsi il suo nobile natural costume, pur senza più si potè ravvisare dalla savia condotta da lui tenuta in quelle gravissime emergenze del suo Ministero. Poichè quantunque assistito fosse da buon numero di Truppe Spagnuole, che vendicarsi agevolmente potevano, altro però dal Cardinale non si tentò, fuorchè dalla Corte di Roma si procurasse far discernere il vero dal falso, e che per la pubblica tranquillità di Roma, e dello stato si distinguesse quello, che tra le convenienze, e quello che tra il debito si dovesse riporre.

Ed il Cardinale Acquaviva che era tanto affezzionato al popolo Romano, quantunque egli havesse fatto vedere quanto da lui si era operato per la quiete della Città, e per la stima de' Spagnuoli, tuttavia oltre al proprio dispiacere sente anche quello, che da una tal contingenza si recava al Papa, ed al Re di Spagna.

Fu astretto allontanarsi di Roma per i motivi', che la ragion di stato richiedeva; e portatosi in Napoli fu con dimostrazioni di particolare stima, ed amore accolto da quella Reale Corte come suo Vassallo, e Ministro fedelissimo. Ma Napoli sua Patria il dispiacere rivolgendo in gioja, non capiva in sè medesima per l'inopinata sorte avvenutale, di averlo di tanta gloria ricolmo riveduto. Tra gli altri segni che ella ne diede con tutti gli ordini di persone, volle che il Cardinal suo Acquaviva ne ricevesse un perpetuo, ed immortale, con dichiararlo Protettore della sua Real Accademia delle Scienze per la prima volta fondata in quella Città. E vedendo lui ciò che si è fatto con più cura, e studio in questa nostra età, che nelle altre più sopra, e ricordandosi quello, che era stato anni addietro operato dal Duca suo Padre in questo particolare, il quale a giovare in ciò i giovani del nostro secolo, e ad aggevol-

Il Cardinale Acquaviva si allontana di Roma con tutti i Spagnuoli nel mese di Maggio del 1736.

E si porta in Napoli, la quale gli dà mille dimostranze del suo amore, e stima.

Lo dichiara Protettore dell' Accademia Regia delle Scienze allora fondata in Napoli per il gran concetto, che ella hd sempre avuto della Casa Acquaviva nel favorire i letterati, e promuovere lo studio delle scienze.

lar

Ed essendo andata l'Accademia tutta in corpo nel Palazzo del Cardinale da uno degli Academici in pubblico se gli recita una erudita orazione in rallegramento di avere accettato un tal peso, ed in ringraziamento di averli fatto un' annuo assegnamento di denaro per i bisogni dell' Accademia.

Ed ultimamente nel mese di Maggio del 1737. in occasione dell' orrido scoppiamento del Vesuvio, ha ordinato al suo Agente in Napoli, che per i bisogni degli Accademici si somministrasse tutto il denaro, che bisognava, acciò potessero indagare le caggioni, e gli effetti di un tale scoppiamento.

Per ordine della Corte di Spagna ritorna in Roma a Marzo del 1737. e comincia a trattare l'accomodamento delle due Corti.

lar loro l'asseguimento delle belle lettere, e scienze matematiche, libri di tutta Europa cercando, ed investigando, ed ingegni sollecitando, s'era molti anni con singolar diligenza affaticato, e la gioventù del Regno mercè in buona parte del chiarissimo suo padre molto aveva in ciò profittato, mosso da simili motivi, e dalla benevolenza della Città tutta, oltre all' averli animati alla coltura de' studj, gli se ancora con la solita sua generosità annuo assegnamento di buona somma per gli bisogni dell' Accademia, e degli Accademici.

Nè di ciò contento avendo ora inteso i gravi danni cagionati dal Vesuvio nell' orrendo scoppiamento fatto nel mese di Maggio dell'anno 1737. alle vaghe, ed amene riviere di Napoli, ed i strepitosi orridi effetti del bitume in immensa copia trascorso in varj luoghi, ne' quali avea caggionato delle fumifere aperture esiziali, e nocive alla salubrità dell' aria, ed alla vita degli uomini, e degli animali, per animare i suoi accademici ad investigarne le caggioni, ha generosamente provveduto alle loro bisogne con ordine al suo Agente in Napoli di somministrargli tutto ciò, che fosse stato necessario. Con tali felicissimi avvenimenti cominciò egli a trattare l'unione delle due Corti, e di là a pochi giorni ebbe ordine dal Re Cattolico di ritornare in Roma ad affettuarne la concordia. E veramente se la gravità dell' affare si considera, troppo lungo tempo si sarebbe richiesto in poterlo perfezzionare. Ma poiche la bella mente del Cardinale Ministro non è formata a guisa di quelli, che in ogni cosa così severamente, con tanta austerità, con sì diversi divisamenti, in maniera così sforzata, e strana, che troppo misera cosa, troppo compassionevole sembra ogni loro fatica, pensan-

fando egli fempre più oltre , non vi fu difficoltà , che da lui non fi prevedeffe , non fi fgombraffe , nè facilità di raggioni , che al fuo talento , e chiara e diftinta-mente non fi prefentaffe .

Elle furono in parte quelle medefime difficoltà altre volte cimentate nella Corte. E quéfte non fa meftieri, che io le raccolga, poiche elle più conte fono, e più manifefte a tutti, che a me. Furono però fenza fallo particolarmente , e minutamente confiderate da faviffimi Configlieri del Papa in guifa tale , che troppo dura impresa egli fembrò aver prefo il Cardinale a folo contendere con sì pronti , e così fpediti Campioni . Ma fe taluno voleffe fenza por mente alla deftrezza di un Miniftro, dalle opere fue pigliando il giudizio, e darne fentenza, fi potrà certamente quefto fare per chi diligentemente confidera le parti tutte delle cofe, che erano in queftione, e così facendofi più certa, e più ficura fperienza della mente fua ne trarrebbe, che in altra maniera . Ponendofi egli cura di piacere non folo alle genti , che ora fono , ma a quelle ancora , e per avventura molto più , che fono a vivere dopo loro , vaglia a ridire , fe io di troppo non mi gravo , che egli ne'congreffi avuti diffe delle cofe, che di nuovo penfamento aveano il riguardo, e l'immagine . Poichè perfuafo a trattare la fomma di un affare de'maggiori , che fianfi in Roma tentati , fi difpofe ficuramente a molto ftrano partito , da cui non fapevano come fpedirfene amendue le Corti di Spagna , e di Roma fenza far perdita da qualche canto . E ciò parve più malagevole a fare , che altri per avventura non iftima . Ma colla deftrezza , e maniera fua altrettanto di nuova forma pigliando l'affare; qual'ora del vero, ed a quefto fomiglianti voci fi udiro-

no,

E quantunque malagevule fembraffe un tale affare, tuttavia colla fua deftrezza viene ridotto ben prefto in buono ftato .

Onde il Miniftro crefce fempre più in riputazione, e ftima preffo laCorte di Roma, che della fua condotta molto fi dichiara fodisfatta, unitamente con quella di Spagna .

E perciò le tante difficoltà , che da tanti anni , e fopratutto fin dal tempo della S. M. del Pontefice Clemente XI. propoffe dal Marchefe della Compofta Miniftro Cattolico , e non mai pofte in chiaro, mutano fembianza , e dalla fua deftrezza vengono facilitate in modo tale , che in breve fi cochiude il trattato .

no, e la Corte di Roma fatta chiara delle raggioni del Re Cattolico, con più forte nodo si strinse il trattato. E come se maggior opera non s'avese a fornire, e che habbia potuto giamai trattare il Ministro del Re di Spagna, si è finalmente veduto qual maggiore cosa e più onorevole si poteva per quella Corte fare, che più piacer le potese, che si facese di questa. Onde egli può ben avvenire, che a'Romani altre voci, altri accenti piaccia avere in bocca, che Italiani, ma non già, che il Cardinale Acquaviva maggior grido e maggior fama possa raccogliere dalle Spagne, quanta ne ha in questo gravissimo affare riportato. Bella, e piena lode è questa, e come io stimo, ancor vera, perchè ella da istrani ancora e giudiziosi Personaggi gli è stata data. Il che dimostrare con altro testimonio non si può, che di coloro, che hanno in quello affare avuto parte. E senza dubbio alcuno non si è ritratta di confessarlo la Nazione Spagnuola, come quello, che ciascuno ha confessato doversi alle raggioni del Re Cattolico. Il che di avvisare ci conviene, perchè egli l'invittissimo Monarca delle Spagne di troppo l'onorò, che lui non ardisse di desiderare, non che stimasse per la sua naturale modestia, che gli convenisse. Roma glie ne avea anticipato da lungo tempo felici i presagi, ma quando afflitta e mesta, che ella era, ne ha veduto gli effetti, non si può bastantemente ridire di quanta gioja e consolazione ne sia stata ripiena. Poichè dopo il turbine di tante sciagure, che all'alma Città soprastavano, non vi fu veruno, che molto meglio, assai più propriamente, con maggior efficacia, con più vaghezza, per più nobil maniera, dopo che il Cardinale Acquaviva ne ha mostrato in tante guise la benevolenza,

za,

za, la ſtima, e le premure per gratitudine verſo il Papa ſuo coſì amorevole benefattore, non ne habbia appaleſato il ſingolare beneficio.

Con queſto ſì perfetto giudizio, ed autorità havendo il chiariſſimo Cardinale impreſſo nell'animo di tutti l'idea giuſta della ſua impareggiabile deſtrezza e ſapere, non ſolamente darà compimento a quanto dalla Corte Cattolica gli verrà appoggiato, ma uopo ancora ſarà non meno a' Miniſtri de' tempi noſtri, che agli antichi tutti doverlo anteporre. Oltre a ciò, poichè le coſe buone ſi recano in ſcrittura, ed in ſcrittura ſi recano principalmente a fine di perpetuare i penſieri ſani e lodevoli, ed alla ſocietà umana non poco profittevoli, egli è certamente a ſperare, che non ſolamente dalla noſtra età averanno ſenza alcun fallo, ma dalle future ancora maggiore venerazione. Poichè non potranno mai più avanti, ed in più lungo tempo autorità, ſapere, avvenenza, e grandezza unite inſieme avere maggiore perfezzione.

Onde il Cardinale Acquaviva avanzatoſi nella ſtima delle due Corti, ha fatto maggiormente conoſcere quanto ſia capace il ſuo talento, e bella maniera per trattare i grandi affari, e quanto giuſtamente habbia meritato il titolo di un gran Miniſtre.

Delle molte poi figliuole del Duca Gio. Girolamo II., che in Napoli, in Atri, ed in Roma ſono lo ſpecchio della virtù, della verace nobiltà de' coſtumi, e della diſciplina clauſtrale, che han profeſſato, dovendo io favellare, a ciaſcuna di eſſe di dare neceſſario ſarebbe quel luogo proprio, che ſecondo le antiche religioſiſſime uſanze ſi converrebbe. Ma tra queſte non è da trapaſſare la pregiatiſſima D. Iſabella Acquaviva congionta in maritaggio coll'inſigne Duca di Bagnoli figliuolo del celebratiſſimo Principe di Forano del chiaro legnaggio della Caſa Strozzi, il di cui ſplendore coſì antico e ſpecchiato imparentato colla nobiliſſima Famiglia Corſini, ſicome potè mirabilmente prevalerſi

Figliuole del Duca Gio. Girolamo II. tutte ragguardevoli per la nobiltà de' loro coſtumi, e per la diſciplina Regolare.

Tra tutte però ſi è reſa ammirabile D. Iſabella Ducheſſa di Bagnoli imparentata colla inſigne Caſa Strozzi, e con la nobiliſſima Caſa Corſini.

lerfi ne' tempi delle crude guerre della Fiorentina Repubblica, così ancora hebbe agio nella pace nudrirlo, ed accrefcerlo. Ella intanto la Duchefla D. Ifabella degniffimo efempio fi è renduta da' tempi noftri dell' onore, gravità, e prudenza, poichè nel volto fuo pare tutta l'onestà fia comprefa de' più fioriti fecoli, fenza che fmarrita habbia la nobiltà, e la grandezza pure una fola tra le molte di quelle proprietà, che i grandi perfonaggi adornano. Non fi può mai abaftanza raccorre con che parole, con che maniera poffa tutti egualmente fodisfare, e co' Signori trattando di affari rilevati, e co' domeftici delle bifogne familiari: come celebri il giufto e l'onefto, con qual facondia e proprietà vituperi il vizio, e con qual fingolar maniera habbia preffo tutti fvegliato il piacere di ciò, che i moderni trattamenti dall'antico, e più fano perduto habbiano. Ella in fomma ammaeftrata nella fcuola di quella gran Regina d'Inghilterra limpidiffimo fpecchio di fovrana integrità, e coftanza, in breve è divenuta il follievo de' poveri, e dell'onestà. Ed a sì fatte cofe a tutto potere ingegnandofi, gli altri ancora con raro efempio a ftudiare di fare il medefimo ha fortemente animato.

In Roma fi è tanto refa celebre per la nobiltà de' fuoi coftumi, che ella è generalmente reputata lo fpecchio dell'onestà, e della gravità del bene operare, ed il follievo de' Poveri, degli Ospedali, e della mifera onefta gente.

Riftretto di tutto ciò, che nella Storia della Famiglia Acquaviva fi è dimoftrato, che dovrà fervire di pruova della fua anticha, vera, e perfetta Nobiltà trà tutte le altre Famiglie d'Italia.

PEr sì fatti efempi, ed affai altri a quefti fomiglianti, e maggiori de' celebri uomini della Cafa Acquaviva, che l'ofcurità de' tempi, e la fcarfezza de' monumenti iftorici del noftro Regno in gran parte ci ha ha tolto, per noſtro credere efficacemente ſi è moſtrato quello, che da principio ſi propoſe, della maggioranza della Famiglia Acquaviva ſopra tutte le altre d'Italia. Del quale aſſunto qual ne ſia la raggione, agevolmente potrà raccoglierſi da ciò, che partitamente ſi è diviſato. Concioſiache eſſendo la vera nobiltà eſſentialmente, fondata sù l'antichità, e ſplendore delle coſe fatte, ſi è già evidentemente dimoſtrato traere gli Acquavivi da' tempi più lontani, ed a noi ignoti loro chiara origine, e tra le prime famiglie, di cui ritrovaſi fatta menzione in Italia, e per avventura anche di fuori, eſſere ſtati col proprio nome di Acquavivi chiamati. L'origine non può eſſere più nobile, poichè oltre le accennate opinioni de' Scrittori, colla ſignoria, e poſſeſſo di ragguardevoli feudi videſi queſta famiglia comparire tra i Monumenti antichi, e tra ſcrittori. Lo ſplendore poi, e grandezza, per cui ogni altra in Italia a tutti gli Storici ſembra avanzare, non può in conto alcuno recarſi in dubio, qual'ora ſi ponga mente agli anni, in cui fu ella decorata del titolo Ducale in perſona di Antonio I. nell'anno 1393. dal Re Ladislao (quantunque ſi leggano memorie, che il titolo di Duca anche prima di quel tempo nella Caſa Acquaviva riſplendeſſe) prima del qual tempo non ſi ritrova in Italia veruno altro Signore di queſto onore fregiato, ſecondo quel che teſtimonia l'Ammirato, e gli altri Scrittori delle coſe d'Italia. E da quel tempo del 1393. ſi annoverano colla teſtimonianza di autentiche ſcritture ſino al corrente anno 1738. dieceſſette Duchi, che ſecondo il giudizio dell'Ammirato vengono a formare dieceſſette età, di trenta anni ciaſcheduna di eſſe compoſta, e per conſeguente lo ſpazio di cinquecento anni incirca. Ed il nume-

Si fa vedere con quanta raggione ſi debba il primo luogo trà le Famiglie Italiane alla Caſa Acquaviva.

Per l'antichità, e ſplendore.

Per l'origine la più chiara che ſi poſſa provare.

Per il titolo di Duca, che a queſta Caſa prima di ogni altra è ſtato dato, egli viene il Duca di Atri ad eſſere il PRIMO DUCA d' Italia.

Per il numero de' Duchi, che si contano in questa Casa fino a dieceffette.

Per la successione, che sempre da Padre in figlio si è conservata dall 195 fino al presente anno 1738.

Per i Baronaggi titoli, e ricchezze, che da' tempi così antichi ha posseduto.

Si rapporta il catalogo de'Feudi, e Stati posseduti dalla Casa Acquaviva, secondo il registro della Regia Camera di Napoli.

mero di queste diecessette età per constante sentimento di tutti i famosi investigatori dell'antichità delle Famiglie è il maggiore, che in una insigne Casa possa mostrarsi.

Quindi sembra maravigliosa cosa affatto, l'essersi da' tempi così lontani con interrotta successione di legitimi suoi figli conservata questa gente fino a'dì nostri nel numero di tanti Duchi, e non pochi Conti di S. Valentino, e di S. Flaviano, senza che mai la legitima e naturale successione siasi interrotta da primogenito in primogenito, o guasta dalle tante vicende del mondo, o da qualche generazione poco men che legitima.

In ordine a'Baronaggi, Titoli, e ricchezze egli sara anche ben dritto non solo ragguagliarla, ma di gran lunga sopra le altre doverla collocare, non veggendosi nelle Storie altra Famiglia, che maggiori Feudi habbia signoreggiato. Biagio Altimari Consigliere del Re Filippo IV. essendo stato Fiscale della Regia Camera in Napoli hebbe la sorte di osservare i registri antichi, e moderni del Baronaggio, e ne tesè a minuto il catalogo ne'suoi Monumenti Istorici, scrivendo, che la Famiglia Acquaviva ha posseduto Alviano co'suoi Casali, Arnaria, Arosa, Aviano, Bacucco, Bisento, Bitetto, Balviano, Casamassima, Canzano, Carmignano, Cantalupo, Caivano, Casarbore, Conversano, Coperchiano, Castelvecchio, Castel Bovano, Castiglione, Chiavano, Castel Rosso, Castagna, Castel di Turi, Castellaccio, Cellino, Civitella al Tronto, Casalerato, Collemarmo, Colonella, Cordisco, Coropoli, Cursi, Dragone co'suoi Casali, Forcella, Troja, Isuardo, Monteperto, Montefusco, Montesilvano, Montone, Mojolano, Monte della Majella, Molano, Mu-

Mufano , Notarefco , Offena , Pajo , Poggio a Giovano , Poggio Abufano , Poggio Morello , Poggio a Rofa , Poggio a Fajano , Penna , Pianella , Picerito , Proconada , Quiviano , Ripa , Ripacone , Ripa Grimoaldo , Rogio , Rufiano , Rofeto con fuoi Cafali , Rillano , San Cufano , S. Giorgio , S. Omero , S. Giovanni , Scurrano , Sternateja , Torano , Tortoreto , Torre del Tronto , Trafimondo , Turi , Valano , Vallato , il Principato di Teramo , e di Caferta , il Ducato di Atri , Ebuli , Nardò , e delle Noci , il Marchefato di Arena , di Bitonto , e di Bellante , il Contado di Converfano , S. Valentino , S. Flaviano , di Montorio , di Aleffano , di Ugento , delle due Acquavive , S. Agata , Giulia nova , di Gioja , e Caftellana .

Se fi riguardano i maritaggi vicendevolmente contratti con altre nobiliffime famiglie del Regno , e d'Italia , farà anche quefto non piccol fregio , di cui vada adorno il nome Acquavivo . Sapendofi beniffimo , che eglino fin da primi tempi , che fono in notizia de'noftri Italiani , fono imparentati con gli Aquini , Acciajoli , Troifi , Camponefchi , Cantelmi , Sforzefchi , Cybo , Carrara , Caftrioti , S. Giorgio , de la Noi , Caraccioli , Carafi , Spinelli , Pij , Orfini , Caldori , Gaetani , Filomarini , Collonefi , di Furftembergh , Toraldi , Loffredi , Dyacetti , Ruffi , Concubletti , Ludovifij , Capoa , e Gefualdi , e colle Reali Famiglie Farnefe , Aragonefe , del Balzo , Gonzaga , e Sanfeverini , per mezzo delle quali fi veggono ftretti in parentela colle più ragguardevoli Famiglie di Europa .

E fe qualche pregio rechino alle Famiglie , come da fenno parlando non fi può dubitare , le cariche militari , le dignità Ecclefiaftiche , le lettere , e le altre pregia-

Si rapportano i Matrimonj contratti da quefta Cafa con le più diftinte Famiglie d' Italia , e di Europa .

Per le dignità Ecclefiaftiche , per le lettere , le cariche militari , e per gli altri pregi fingolari dell'animo , e del corpo .

S

giatiſſime doti dell'animo, e del corpo, niuna certamente a queſta potrà farſi ſuperiore per ciò, che nel corſo dell'Iſtoria ſi è dimoſtrato.

E di gran lunga ancora ſembrerà ſovraſtare all'altre tutte per le ſingolari dimoſtranze non ſolo di amore, e di riſpetto verſo la Religione, e pietà Chriſtiana, ma di opere ancora, per cui hanno ſpeſo ſenza alcun ritegno immenſe copie di denari. Poichè dalla Caſa di Atri in diverſi tempi ſi veggono fondati tanti benefizj Eccleſiaſtici, che oltrepaſſano le rendite di dodicimila ducati. Dalli ſteſſi Signori di Atri ſono ſtate da fondamenti alzate ventiotto Chieſe, e Conventi di Frati, e di Monache, e tante altre, e sì grandi opere di pietà, e di Religione egregiamente compite, che eglino giuſtamente tra i difenſori, e campioni della Chriſtiana Religione debbano il primo luogo occupare.

Nè alla fine è da tralaſciarſi il grande ornamento di queſta Famiglia, di eſſere ella ſtata aggregata nella perſona del Duca Giulio Antonio alla Real Caſa d'Aragona, per cui ella debba giuſtamente *Regia* chiamarſi: poichè ſecondo il ſentimento di *Aulo Gellio*, e de' giuriſperiti tutti, quando il Principe, o Pretore incorporava una famiglia ad un'altra, quella chiamaſi adozzione, la quale trasferiſce l'iſteſſe prerogative, ed ha la medeſima forza, come ſe foſſe naturalmente dell' adottante famiglia procreata. *Cornelio Tacito* accuratiſſimo Scrittore delle uſanze de' Romani nel primo libro della ſua Storia ſcrivendo l'adozzione dell'Imperatore Galba in perſona di Piſone ſi ſpiega colli medeſimi termini e parole, di cui ſi ſervì il Re Ferdinando in riguardo della Caſa Acquaviva. Ed eſſendo queſto coſtume frequentiſſimo nella Repubblica, e nell'Impero

Ro-

Romano, fe ne veggono in quelle Iftorie infiniti efempli ; la di cui forza ben penfata da *Plinio* nel Panegirico di Trajano, qual'ora riferifce il privilegio, che gli concedè l'Imperador Nerva dell'adozzione, fi ferve delle parole ifteffe, che nel privilegio di Cafa Acquaviva veggiamo. Nè da quefto fentimento fi allontanò Giulio Cefare, quando nel fuo teftamento aggregò ed adottò alla fua famiglia, e nome Ottaviano Augufto. Dall' ufo degl'Imperadori Romani fi fono moffi moltiffimi Principi ad aggregare ed adottare i benemeriti della Real Corona, e ragguardevoli Signori alle loro Regie Famiglie. Di che chiara teftimonianza ne rende quefta fatta dal Re Ferdinando a favore della Cafa Acquaviva. E che ciò far poteffe il Re non averà dubbio veruno di confeffarlo, chiunque ha fior di fenno, e di giurifprudenza appreffo. Lo propugnò ad evidenza il gran Giurifconfulto *Bartolo*, e dietro a lui ha caminato la turba tutta de' giurifperiti, dimoftrandoci, che la legge tiene facoltà d'introdurre alcune cofe per fizione, altre per verità, per cui far poffa naturale ed effenziale ciò, che per privilegio, e decreto del Principe fi concede. A quefte maffime havendo riguardo il Re Ferdinando confiderò, e dichiarò il Duca Giulio, e fuoi fucceffori come defcendenti, e procreati dal medefimo fuo corpo colle parole, *quod de cætero in perpetuum fitis, & fint de domo, & profapia de Aragonia.*

Era quefta adozzione, ed aggregazione di non poco momento reputata, di maniera che tal'uno, fra quali l'infigne *Francefco Petrarca*, *è di parere effere l'addozzione fatta da' Sovrani di maggiore onore, e ftima della nafcita ifteffa naturale.* E *Tacito* nella riferita adozzione di Galba in perfona di Pifone diffe, che *il nafcere, ed effe-*

S 2   *re*

re generati da' Principi, è una mera forte, ma l'adozzione proviene da un giudizio intero, e perfetto, che a chiare note col confenfo fi fa palefe. E comechè una tal adozzione, ed aggregazione era limitata a tempo, ed alla perfona, onde tra gli altri efempli può addurfi quel di Pifone poc' anzi divifato, che fu riftretta alla fola fua perfona, efclufo il fratello, ficome fcrive Tacito, il quale era di egual nobiltà, e degno dell' ifteffa fortuna, quella certamente conceduta alla Cafa Acquaviva dovrà reputar fi fingolare, poichè fatta perpetua, ed a favore di tutti i defcendenti, anche femine. L'efferfi poi il Re Ferdinando dichiarato nel privilegio, che egli a ciò era moffo per grandi meriti acquiftatifi dalla gente Acquaviva in fervigio della fua corona, e che egli altro non poteva darle, che valeffe a compenfarli, fuorche l'aggregazione alla fua Real Cafa, il fuo nome, e le fue infegne, questo è certamente un atteftato sì fublime della ftima aveafi della famiglia Acquaviva, che egli fembra affatto nuovo ed alla memoria de' fecoli incognito.

Paffa però tant' oltre la beneficenza reale, che fupponendo il Re darle poco, confeffa egli espreffamente, che la Cafa Acquaviva era fin d'allora così nobile, ed illuftre per fe medefima, che d'altro fregio di nobiltà pareva non aveffe di bifogno. Perciò egli è giufto, e convenevole, che questa famiglia Reale debba intitolarfi ficome il Re Ferdinando volle, ed i Re fuoi fucceffori Ferdinando II., Federico, il Re Cattolico Ferdinando, e l'Imperador Carlo V. nelle lettere, e ne' difpacci la nominarono ARAGONA DI ACQUAVIVA, manifeftando con questa trafpofizione il pefo dell' aggregazione, e che ella veramente la Cafa Acquaviva Reale doveffe reputarfi.

Poichè il Re ghe lo concede in perpetuo a beneficio anche delle femine, e ful motivo, che effendo la Cafa Acquaviva tanto illuftre, e nobile da fe fteffa, che di altra nobiltà non aveva di bifogno, egli confeffa, non poterla dare altro, che la fua naturale filiazione, il fuo cognome, e le fue infegne. E perciò non folamente lui, ma tutti gli altri Re fuoi fucceffori l'intitolano ARAGONA DI ACQUAVIVA. Onde questa Cafa fi può giuftamente chiamare Reale Aragona di Acquaviva.

Quin-

Quindi ragionevolmente a questa sì chiara famiglia fin' ora non è addivenuto ciò, che il più ſuole comunemente avvenire, che nel corſo dell' età, e delle vicende del mondo ſi ſpenga inſieme colla memoria degli uomini il loro ſplendore. E ci giova ſempre più ſperare, che ſicome nelle grandi coſe, e nelle Città, e Regni di valent' uomini ſempre forniti, così nella chiariſſima Real Famiglia Acquaviva debba ammirarſi, che per il nuovo concorſo di nuovi ſplendidiſſimi fatti, ed illuſtri ſuoi figli quaſi piover debbano da ogni parte e monumenti, ed encomj a renderla immortale.

FINE DELLA ISTORIA.

SOMMARIO

Di alcuni Monumenti, Scritture, ed autorità di molti Iſtorici, da' quali ſi è raccolta, e formata in buona parte la preſente Iſtoria della Famiglia Acquaviva.

INſtrumentum permutationis, & cambii terrarum quarundam D. Petri, D. Oddonis de Aquaviva, &c. D. Ugonis de Clavano, conceſſarum pro Hoſpitali Eccleſiæ Sancti Leonardi de Furca Pyrri, Salamoni, & filiis ſuis nomine, & vice dicti Hoſpitalis; pro quibus dictus Salomon cum filiis ſuis donaverat, & cambiaverat ſupradictis Dominis quicquid habuerat in Clavano; & ipſi Domini ſimiliter donaverunt, una cum D. Sanſio quicquid habuerunt in Furca Pyrri, nomine, & vice dicti Hoſpitalis præſentibus D. Ventura, D. Bernardo, D. Fratre Menna de Furca, Raynaldo de Caſſia, & pluribus aliis &c. Actum in domo ſupradicti Hoſpitalis ſub an. D. 1065. quinto idus menſis Auguſti tempore D. Aleſſ. Papæ II. &c.

IN nomine Sanctæ, & Individuæ Trinitatis. Henricus VI. div. favente clementia Rom. Imp. ſemper Auguſtus Rex Siciliæ, &c. dignum providimus, & eſſe de ratione cenſemus, ut ubi ſinceritatis, & fidelitatis procedit obſequium, digna ſubſequatur compenſatio meritorum. Inde eſt, quòd nos attendentes ſinceræ fidei, & devotionis conſtantiam, quam Raynaldus de Aquaviva, & Fortebraccia fideles noſtri ſemper noſtris ſervitiis habere, qualiter nondum ceſſant pro noſtris utilitatibus, eos credimus in antea præſtituros, de mera gratia, & innata nobis benignitate damus, & concedimus in perpetuum prædicto Raynaldo de Aquaviva, uxori ejus Foreſtæ, & hæredibus ſuis. Nec non Fortebraccio Sconfittæ uxori ſuæ, & hæredibus ſuis, totam terram quam tenuit Leonus de Atre pater prædictæ Foreſtæ tàm in demanio quàm in ſervitio, cum omni jure, honore, tenimentis, & pertinentiis ſuis, ſicut idem Leonus tempore Regis Guglielmi tenuit, & poſſedit, quòd in demanio, in demanium, quòd in ſervitio in ſervitium, Vid. Biſentum, Ruglianum, dimidium Aucani, Collelemarmoreum , Chiavanum , duas partes Sancti Georgii , Casaleratum , Poggium ad Juvanum , Scurranum , Poggium ad Rosam , Carminianum , Forcellas , Ripam Joannis filii Grimoaldi , Cantalupum , Castellum vetus , Aquavivam , Proconatam , S. Joannem de filio Tribuni , S. Mariam de Atri , cum Poggio ad Fajanum , Montempertum , & Castellumboccanum &c.

III.

Infeudazione fatta da Taddeo , Matteo , Albertino , ed altri Signori di Acquaviva di alcuni terreni nel 1225. alla Communità di Ripatransone col jus del Vassallaggio , ligio , ed omagio a favore della Casa Acquaviva .

IN Dei nomine Amen . Breve recordationis , pacti , convenientiæ , & promissionis , qualiter Nos Henricus , & Gualterius fratres , & Taddæus filius Riccardi eorum nepos , & Mattheus Berardi Ottonis , & Albertinus D. Vinciguerra DD. de Aquaviva concedimus , & damus Comunitati Ripatransonis , & tibi Magistro Raynaldo Albertigisonis Massario , & Sinnico ejusdem Castri nomine dictæ Communitatis recipienti Raynerium de Trifunzo , & ejus hæredes ad habitandum in Castro prædicto cum fructibus sui dominii , & servitutis Vassallorum de vitalibus , & usualibus . Et quamcumque pœnam Raynerii pro ipsa habitatione facienda dictæ Communitati facere concedimus , & ratam habebimus , & omnes possessiones immobiles occupatas à Nobis , vel nostris Vassallis de bonis ipsius Raynerii , & Vassallorum ejus , eidem restituere promittimus , & ad præsens restituimus , dando licentiam eidem Raynerio , & Vassallis ejus possessionem ipsarum rerum excepta portione contingente Trasmundo de sua autoritate intrare , & donec non intrabit , ejus , & Vassallorum ipsius nomine possidere constituimus , & quietamus , & remittimus ipsi Raynerio pœnam , & promissionem , & obligationem ab eo nobis factam pro habitatione non facienda in dicto Castro Ripæ . Instrumenta tamen si quæ fuerint apud Nos restituere , promittentesque quod cassa , irrita , & invalida de cætero habeantur , & eis nullo tempore uti promittimus , & ea non dedimus , nec dabimus alicui exemplanda . Item promittimus Communitati Ripatransoni ab Aso in Truntum juvare per Nos , & Vassallos nostros habitantes infra dictos Senaitas , præter eos qui habitant in Ofitha contra omnes homines offendentes ipsos in personis , & rebus bona fide , & sine fraude ; & promittimus Nos omnes prædicti de Aquaviva Communitati Ripatransonis indemnem conservare , salvo in his omnibus privilegio quod habemus ab Imperatore de Raynerio prædicto de Terra sua , & Tenimentis . Exadverso nos de Ripatransonis pro dicta promissione , datione , & concessione ,

& Ray-

& Raynaldus Maſſarius , & Syndicus bona pars , & Matthæus
Buezi Conſules, & Bertorinus Judex ejuſdem Caſtri nomine ejuſdem Communitatis , & pro ipſa Communitate præſente Concilio
Generali , & ſpeciali hæc approbante promittimus vobis prædictis
DD. de Aquaviva Henrico , Gualterio , Taddæo , Matthæo , &
Albertino , & veſtris hæredibus dare quingentas libras videlicet
à proximis Kal. Maii ad tres annos expletos , quarum in medie-
tate cujuslibet tertiam partem, de quibus D. Traſmundus D. Gual-
terii de Aquaviva habeat pro portione ſibi contingente ſi prædicta
rata habebit . Item promittimus quod nemini de cætero Vaſſallum veſtrum , vel Vaſſallum Vaſſallorum veſtrorum , vel Eccle-
ſiarum veſtrarum in habitandum recipiemus in Ripatranſonis , &
ejus pertinentiis ſine veſtro conſenſu & voluntate . Item curabi-
mus , quod Raynerius de Trifunzo faciat Vobis , & Hæredibus
veſtris omagium , & fidelitatem pro ſe , & hæredibus ſuis , & requiſitionem veſtram ſe facturum promittat , & reſpondere Vobis,
prout in veſtro privilegio continetur . Item ſi vos de aliquo de
Ripatranſonis habitare , ſeu habitatores conqueri volueritis de
rebus ſeu Juribus Vobis , vel alicui veſtrum nunc pertinentibus ,
& competentibus exinde ſine ſalario Vobis , & cuilibet veſtrum
fieri rationem faciemus , & Vos inſuper , & Vaſſallos veſtros habitantes infrà prædictam Senaitam juvare de cætero promittimus
ab Aſo in Truntum contrà omnes homines bona fide , & ſinè fraude in Perſonis , & rebus præter eos qui habitant in Ophita . Et
ſimilem promiſſionem dationem, & pactum D. Raynaldi , & filia-
bus Alberti faciemus fieri per Communitatem prædictam . Item
promittimus Nos dicti DD. , quod neque per nos , neque per
Vaſſallos noſtros aliquid per vim D. Raynerii , vel ſuis Vaſſallis
auferemus , vel auferri faciemus , & ſi contra factum fuerit , infra menſem per requiſitionem emendare teneamur : Et de omnibus maleficiis , & damnis datis tàm à D. Raynerio , & Communitate prædicta ; quam à dd. DD. , nos de Communitate , & nos dd.
DD. quietationem viciſſim facimus , cedendo jus d. Raynerius ,
quod habet verſus D. Raynaldum mihi Henrico de ipſis maleficiis , & damnis datis , & Jus , quod habet verſus filias Domini
Alberti mihi Matthæo , quod incontinenti factum eſt , & hæc omnia prædicta , univerſa , & ſingula , quæ ut ſupra ſpecificata ſunt
Nos prædicti de Communitate nomine dictæ Communitatis, & Nos
dd. DD. ad invicem obſervare , & non controvenire promittimus

Si promette eſpreſ-
ſamente l'omaggio,
ligio, e giuramento
di fedeltà ſecondo
il privilegio , che i
Signori di Acqua-
viva aveano dall'
Imperadore .

T   ſem-

semper fub pœna M. librarum V. folemni ftipulatione præmiffa, qua foluta, & data, & in fingulis Capitulis committenda &c. in fuo robore permaneant, & hæc omnia Sacramento firmamus. Quæ omnia facta funt, & completa in Colle S. Mariæ Cafeliati in fundo Antolini, & Rubati Pagani, A. D. funt M.CC.XXV. Indictione XIII. VIII. Kal. Augufti. Friderico Imperatore regnante.

IV.
Anfelmo di Brefcia nella vita di Papa Gregorio XI.

ARmonicus, Maffiminus, & Papirianus viri ftrenuiffimi, & Duces militares, omnes ex clariffimo fanguine præfidum Auftriac. exorti, habitantes juxta fluenta Rheni fimul cum Carolo Magno Romam venerunt, qui cum poft coronationem Caroli Imperatoris nobilitate Ecclefiaftica, & Imperiali corona aurea in campo Cieneo nobilitati fuerunt, poft reditum Caroli Imperatoris in Galliis, ipfi invifentes Civitates Italiæ demum petierunt Neap. in qua perfiftentes plantaverunt nobilem familiam de Aquaviva fic appellata, quoniam recordati de Rheni fluentis, ex quibus fontes limpidiffimos in eorum habitationibus acceperant, fub corona in infigniis pofuerunt fontem Aquævivæ cum tribus affluentibus rivis, propter trium fratrum memoriam.

V.
Il Maeftro Gio. di Virgilio nella fua cronaca del Regno Cattolico.

FAmilia Aquaviva ducit ortum fuum à Germania, è Ducibus Bavariorum.

VI.
Giovanni di Caramanio nell' antichità del Mondo.

CAtholicum nomen meretur Familia Aquaviva, ejus enim Duces, virique generofi militarunt in crucifera militia pro recuperatione Terræ Sanctæ, inter quos Rodulphus Aquaviva, Dominus prudentiffimus, ac magnanimus fuis impenfis illi facro bello interfuit, & in recuperatione Sanctæ Civitatis Hierufalem multum infudavit.

VII.
Filippo Scala nell' antichità, e cofe notabili di Terra di Lavoro.

AQuavivorum progenies, quæ ex Auftriacis oritur, Illuftriffima, & Nobiliffima eft repofita in fedili Nidi almæ Civitatis Neapolis.

VIII.
Fanuccio Campana nel libro delle famiglie illuftri d' Italia.

FAmilia Aquaviva Nobiliffima, & Illuftriffima eft, & habet originem ab Aquaviva Caftro Piceni, plena Ducibus, ac viris illuftriffimis, ac eruditiffimis.

Joan-

Joanna II. Dei gratia Hungariæ Hierusalem, &c. Sanè pro parte viri magnifici Josiæ de Aquaviva affinis Consiliarii & fidelis nostri dilecti; fuit majestati nostræ reverenter expositum, quod pridem in testimoniis publico constitutis spectabilibus, & magnificis Catharina de Ricciardis Ducissa Adriæ & Comitissa Sancti Flaviani, relicta quon. spectabilis & magnifici viri Petribonifacii Ducis Adriæ, & Comitis Sancti Flaviani viri sui, nostraque socia, & fidelis dilecta, & Andreæ Matthæo de Aquaviva Duci Adriæ, & Comiti S. Flaviani pupillo filio suo, & dicti q. Petribonifacii Ducis ipsius Ducissæ viri, nostrique similter affinis, & fidelis dilecti agentibus pro se ipsis &c.

Ferdinandus Dei gratia Rex Siciliæ, Hierusalem, &c. Illustri viro Julio Antonio de Aquaviva, Duci Adriæ, Conversani, & Sancti Flaviani Comiti, armorumque Capitaneo, Collaterali Consiliario, & Affini dilectissimo, gratiam, & bonam voluntatem. Consueverunt majores nostri, sapientissimi viri, benemeritos homines &c. Hinc existunt decreta illa in erigendis statuis, in scribendis titulis, ut non solum præsentes, verum etiam posteri magnorum virorum egregia facinora cognita haberent, qualia exempla secuti Reges, ac Principes inclyti viros insigni virtute præditos, variis honestamentis, & honoribus libenter sunt prosequuti, censentes ad se ipsos potissimum hoc pertinere, etenim nobilitare virtutem, illustrare ingenia, honestare illos, in quibus animi magnitudo eluceat, splendescantque præstantes actiones, videtur proprium esse Regum; & alii quidem Reges in aliis honestandis hominibus ob alias causas diversis ornamentorum generibus sunt usi. Nos autem cum multa in Te esse perspeximus digna, quæ honorari à nobis debeant, cum plurimas profecto virtutes in te sitas esse viderimus, ac multa, magnaque vigere merita considerantes, præsertim in præsenti bello, quo pacto te gesseris, licet jam diu tuam in re militari peritiam optime perspexerimus, jure ipso commoti, atque adducti sumus, ut te ipsum, egregiasque virtutes tuas, & honoribus exornemus, & titulis illustremus. Quamquam autem ad ampliora, insignioraque in te ipsum conferenda voluntas nostra intendat, meritaque tua postulent, te in præsentia eumdem Julium Antonium ad majorem amoris nostri declarationem, *licet satis ipse per te nobilis,*

& il-

& illuftris fis, tenore hujus noftri privilegii, ac decreti, deque noftra certa fcientia, proprioque animi motu, meritifque quidem tuis
hoc expofcentibus, in Familiam noftram, & in Domum de Aragonia afcifcimus, afcribimus, & annumeramus volentes, quod de cætero in perpetuum vos, veftrique liberi, hæredes, & fucceffores
utriufque fexus, nati jam, & nafcituri, fignanter illuftris Andreas
Matthæus nofter alumnus, Marchio Bitonti, tuus filius primogeni-
TUS, SI TIS, ET SINT DE DOMO, ET PROSAPIA DE ARAGONIA, atque
in omnibus actibus, titulis, negotiis gerendis, atque agendis rebus
infcribamini, appellemini, infcribantur, ET COGNOMINENTUR DE
ARAGONIA, SITQUE VESTRUM, ATQUE ILLORUN COGNOMEM
DE ARAGONIA. Præterea ad vos, illofque magis, magifque illu-
ftrandos, etiam cum hac ferie litterarum, plenamque, atque
amplam conferimus poteftatem arma noftra deferendi, & facien-
di, quibus quidem armis vos, liberos, hæredes, & fucceffores
veftros donamus, ac vos, & illos iifdem infignimus, & honefta-
mus, à vobis, illifque pro, & cum armis noftris deferendis,
utendis, & faciendis, quemadmodum inferius figurantur. Tu
igitur, quod virtutes exigunt tuæ, id effice, & præfta, ut hono-
ri, & decori fis armis, & cognomini noftro, & brevi fore fpera,
ut majoribus te, atque illuftrioribus fimus titulis condecoraturi.
In quorum teftimonium præfentes fieri fecimus, magno Majefta-
tis noftræ figillo pendenti munitas. Datum in Caftello novo Civitatis noftræ Neapolis, die XXX. Menfis Aprilis anno 1479. regnorum noftrorum vigefimo fecundo. Rex Ferdinandus &c.

CUm in mentem nobis veniunt magna merita, & officia Ill.
olim Julii Antonii de Aragoniâ Aquavivi, Adriæ Therami-
que Ducis, Converfani, & Sancti Flaviani Comitis, quibus nos
quocumque tempore, conftantiffimo animo profecutus eft; nihil
eft, quod ejus jucundiffimæ memoriæ, ipfufque familiæ non de-
bere exiftimemus: ejus enim opera, fides, officium, non minus
in bello, quàm in ocio, & non minùs foris, quàm domi, utile
perpetuò nobis fuit. Erat enim iis animi, & corporis virtutibus
præditus, ut nulla tàm ardua, tàm difficilis res effet, quæ ejus
fidei, & induftriæ mandari non poffet, & quam ipfe non libenti
animo noftrâ cauffa fufciperet, & commodiffimè, atque ex noftra
fententia perageret. Superioribus annis, cùm in Burgundiam,
ad Ill. olim Carolum Burgundiæ Ducem, Ill. filium noftrum Fe-
deri-

dericum legaviſſemus, freti ſingulari virtute, atque integritate ipſius Ill. Julii Antonii, eum proficiſcendi filio Comitem dedimus: qui tanta apud ipſum noſtrum filium, in ipſa Burgundia, virtute, atque integritate ſe geſſit, ut ipſi noſtro filio gratiſſimus ſemper fuerit. Enituit enim in ea peregrinatione ſingularis ejus virtus, modeſtia, conſilium, integritas, quibus ipſi noſtro filio adeò profuit, ut de nobis optimè meritum dijudicaverimus. Exortum eſt deinde bellum Hetruſcum, in quo, ejus opera, ob rei militaris peritiam, & uſum, præcipue uſi ſumus, & in Liguria apud Genuam, & in Hetruria, ubi bellum gerebatur, virtus ejus longè maxima fuit: egregiam enim operam nobis navavit, & effecit, ut multa feliciſſimè in eo bello geſta, ejus virtuti accepta retulerimus. Sequuto deinde teterrimo, & nefario Turcarum, noſtræ Fidei hoſtium, bello, qui urbem noſtram Hidruntum, ex improviſo, imparatam aggreſſi, vi expugnaverunt, ipſum Ill. Julium Antonium, ex Hetruriâ, quæ jam confecto bello pacata erat, ad id ipſum bellum accerſivimus, in quo multa circa eam urbem, adverſus hoſtes, ſuo inſtituto, & conſuetudine digna adminiſtravit, cùm ſe ſemper magno animo hoſtibus opponeret, & ultro etiam eos laceſſeret, averteretque ipſorum conatus, & latrocinia, quibus omnia infeſtabant, prohiberet. Sed accidit (quod non ſine ſummo mœrore commemorabimus) ut quodam die, cum hoſtes, qui prædatum ex urbe exierant, prædâ eis vi ereptâ, acrius proſequeretur; eruptione ab iis, qui in urbe remanſerant, facta, dum fortiſſimè, pro Religione, pro fide, pro Regni libertate pugnaret, miſerando caſu, publico omnium luctu occubuerit. Cujus interitum, tam alieno tempore, acerbiſſime tulimus, & tanti Viri jacturam (ut decuit) vehementer indoluimus. Cum igitur toto ipſius vitæ curſu de nobis ſemper benemereri ſtuduerit; noſtri officii putavimus, inſigui aliquo argumento oſtendere quantopere ipſum Ill. Julium Antonium, dum viveret, diligeremus, & quam grata, & jucunda memoriâ mortuum proſequamur. Quare cùm acceperimus veridicâ expoſitione nobis facta per Ill. Andream Matthæum de Aragonia Aquavivum, ipſius Ill. Julii Antonii primogenitum, Adriæ, & Therami Ducem, Bitonti Marchionem, & Comitem Converſani, Sancti Flavianique, affinem, alumnum, & Conſiliarium noſtrum fidelem dilectiſſimum &c.

E degno di oſſervazione tra le altre coſe di queſto Diploma il titolo, che ſi dà dal Re alli Duchi di Atri, l'iſteſſo, che dava al figliuolo ſuo Federico.

An-

XII.
Notizie eſtratte e fedelmente copiate da un libro manoſcritto di regiſtre de' fatti antichi della Città di Aſcoli.

ANno 1379. a li 12. di detto meſe di Novembre il Signor Duca di Atro Aquaviva retro in Naſcoli per la porte di ponte Major, lo qualo fo per melzo di detto Juando di Maſio, & compagni & colo faor chi avia in Naſcoli, li quali era Odoardo di Cichi Odoardi, & di Auſtino Titi, li quali come furno dentre in Naſcoli ſcacciò lo detto Liberto di Lini con li ſioi compagni, li quali forno baniti da parte di detto Duca, & Juando di Maſio, & MS. Marino di Lucarello in quello di tendo lo ſtato, & in quello di il deto Duca di Atre con lo popolo di Aſcoli piglio Arquata, & ci fu morti e preſi multo Norſini, li quali ſi avia ocopato detta Arquata, & era Caſtellano Gualdurucio di Coſignano.

Anno 1395. a di 11. di Novembro fu fatta la novita in Naſcoli il dì di San Martino, e fu nagranda ociſione de luna, & ladra parta, & la parte Elfe ſcacio la parte Ibilina con lor grandando lo capo de la parte Elifo era Santo & Jovando de Maſie & Adoguardo di Cicho Adoardo, & Piero di Autitio detto Titii, & Franciſco di Cocha con alquanti citadini & la parte Ibilina furno Domenicho & Liberto di Lino & Franciſco di Lucarello con naldri, & apocho di rentrò luna & laldra parte, e fu di notte, & il popolo di Aſcoli gliferno far le pacie, aldramente era riſiluto con lo faore del Duca Andrea Mateo Aquaviva cavarili fori per petivo luni & laldri.

Anno 1396. a di 24. di Aprile il ſodetto Duca Antrea Mateo Aquaviva S. di Aſcoli & Ducha di Atri detto & Dino al nobilo Odoardo di Cichi Adoardo tutta la robba di il nobilo Laberio di Aſcoli per ricompenza di la ſua robba aver perſa a ſervitio di la Caſa Aquaviva, & per eſferegli ſtati fideli amici di Abaſio.

Anno 1397. a di 11. di Magio il Duca Antrea Mateo Duca di Atro & S. di Aſcoli rimeſſo Riberto di Lini con li aldri banniti, & lo fe contra lovoler di Juando di Maſio & compagni.

Et nel di 18. di Luglio nel medeſimo ando Juando di Maſio & Aniello & Monte con li ſoi amici intrò nella Rocha di Monte alcaſſaro, epigliò laguardia di detta Rocha ſenza timuldo, & rimor, & un cierto Marcho di Offida fecie il tratato, lo quale ſtava per garzone con il Caſtilano di detta Rocha.

Et a di 20. di detto meſe di Luglio vender in Naſcoli Moſtarda Conditier di arme, & vende in ſoccorſo di detto Juando, qualo ſtava in detta Rocha, lo quale pigliò Aſcoli per la cleſia, &
di

di scaciò il Duca Antrea Mateo Aquaviva Duca di Atre & S. di Ascoli incieme con Liberto di Lini con tutti ligibilini, ma prima se una granda scaramuccia albastione che era fatte a detta Rocha fori del Monte de la Cita, e ci morse omini 100. de la parte Ibilina.

Siegue la legalità della sudetta scrittura estratta in forma publica, ed autorizata col sugello del publico di Ascoli sotto il dì 4. di Gennaro del 1738.

Anno quinto & nonagesimo cum ter decies centeno Johannes Maxii, seu potius Maximi, Guelphorum Princeps Asculo exterris, eoque rursum cum armato milite ingressus, occupata urbis porta, cui à Ponte Majore inditum nomen, cum turrito desuper propugnaculo, Aquavivani Adriensium Ducis aciebus transitum ex condicto, ditioni urbem dedit; hac tamen lege, ut Gibellinos Patriæ, Pontificioque nomini infensos ad unum urbe amandaret. Ejecit Dux Adriensium, sed exules in civitatem à Duce mox revocatos inique ferens Johannes, Montosam arcem, quæ pro Aquaviviano jam tenebatur, administro quodam arcis præfecti, pecunia expugnato, in suam potestatem redegit.

XIII. Nella vita del Poeta Pacifico Massimo, ricavata da una cronaca antica di Ascoli del 1395. che fu stampata in Parma nelle Poesie di Pacifico Massimo nel 1691.

Questo Duca d'Atri in tal tempo, che teneva il dominio di Ascoli concesse ad Odoardo figlio di Francesco della famiglia degli Odoardi, li beni di Nicola di Lamberio, come pervenuti a lui, leggi quello siegue.

Andreas Matthæus Aquaviva Dux Adriæ, S. Flaviani Comes &c. viro nobili Aduardo Cicchi de Esculo amico nostro carissimo gratium nostram &c. attendentes tuæ devotionis obsequia &c. bona omnia stabilia, quæ fuerunt Domini Nicolai Lamberii de Esculo sita in pertinentiis, & districtu nostræ Civitatis nobis, & nostræ Curiæ devoluta &c. harum serie cum domibus, vineis, terris &c. tibi, & hæredibus tuis legitimis de tuo corpore natis, & jam in posterum legitimè nascituris, de certa nostra scientia, liberalitate mæra, & gratia speciali damus, donamus, tradimus &c. in perpetuum ad habendum, tenendum possedendum &c. ad honorem, & fidelitatem nostram, hæredum & successorum nostrorum &c. Dat. in Civitate Therami die XXIV. Aprilis IV. Indictione M.CCCLXXXXVI.

XIV. Diario de' fatti antichi dalla Città di Ascoli scritto di carattere di quei istessi tempi, che si conserva da alcuni Signori nobili della stessa Città, ove nell' anno 1396. si ritrova registrato un privilegio del Duca di Atri Andrea Matteo, di concessione di alcuni terreni alla Casa Odoardi.

Pa-

PAres igitur dignitate, ac ditione fere pares, ficut munere omnino haud difpares à primis Longobardorum Regibus triginta fex fuere inftituti perpetui Duces, qui gentem omnem veluti in totidem tribus divifam, perque parvas has Italas Urbes diftributam ducerent, regerentque, quorum præcipuè lapfu temporis obfervati funt Foro Julienfis & Spoletanus, & qui feorfim ab omnibus fua habuit initia, Beneventanus.

Nec fane Ducis, & Ducatus vocabula multarum femper urbium demonftrare confuevit Dinafta, nec Dynaftia, ficut in re noftra clare eft videre apud Paulum Diaconum enumerantem triginta fex Longobardorum Duces, & Ducatus totidem utique urbibus attributos, tumque non ultra Tufciam porrectos.

CUjus Belifarii de Aragonia de Aquaviva ea in Nos, & domum noftram merita, ftudiaque extiterunt, ut nullum tàm magnum præmium, vel ornamentum fit, quod polliceri fibi à nobis jure quodam fuo non poffit, nam ut omittamus, quod illuftris Pater ejus Julius de Aquaviva bello Hydruntino, quod contra Turcas geftum eft, pro ftatu, & fervitio domus noftræ viriliter pugnans animam pofuit; quod meritum in primis magnum, nec oblivifcendum, *filiis quoque fuis noftra domus perpetuo debet*, certe hic Belifarius & alias femper, & proximis his adverfis temporibus noftris, eum fe fe præftitit, ut fi cui alii pro recuperatione hujus Regni, & hac gloriofiffima noftra victoria debeamus, huic in primis, & fupremum in modum debeamus, nam ita fubinde femper infracta, & conftanti fide partes noftras fecutus eft, ut nullis neque fumptibus, neque laboribus parceret, & fepè vitam ipfam manifeftiffimis difcriminibus, & periculis objiceret. Quapropter Sereniffimus Rex Ferdinandus fecundus defideratiffimæ memoriæ, nepos nofter, cum reputaret virtutem ejus, & quæ illi, quantaque deberet, gratitudinis fuæ effe duxit, ut eum Comitatu Converfani, Civitate Bitecti, & Terra Jojæ donaret, motus ea re quoque, quod hunc ipfum Comitatum, & terras cum Galliæ factionis effent, hic Belifarius fua opera, & virtute ad fidelitatem, & obedientiam noftram reduxerat, in eifque tutandis, & fumptus maximos fecerat, & mirificos labores pertulerat, quem Comitatum poffedit ille quidem pleniffimo jure, & tenuit; fed cum deinde intereffe noftra videret, reftitui il-

illum nobis, ita commodis rerum noftrarum expofcentibus, prætulit, ut amantiffimum, & affectiffimum fubditum decuit, compendia fua rationibus noftris; nec moram fecit, quin eum Comitatum pro fervitio noftro reftitueret nobis. Nos igitur qui non facile vinci nos beneficiis patiamur, quibus provocati non tantum fortem, fed fœnus quoque perfolvimus; tantis ejus in domum noftram, & nos ipfos meritis referre gratiam cogitantes, cum teneamus civitatem Neritonis in Provincia Terræ Hydrunti, quæ ad Nos, & noftram Curiam pleno & legitimo jure fpectat, & pertinet, ipfam civitatem deferri illi, & condonare decrevimus. Itaque tenore præfentium &c. Datum in Caftronovo Civitatis noftræ Neapolis &c. die XII. menfis Martii anno 1497. Regnorum noftrorum A. I.

IN re bellica quantum valeas omnes noverunt, in bello Gallico virum fortem femper egifti: Ferdinandum Regem extrema per omnia (ut ait Poeta) fequutus es: Unde inter Regni Proceres magnam gloriam es adeptus. Quapropter Ferdinando mortuo, Federicus Rex te ob ingentia merita tua, pulcherrimæ, & celeberrimæ Urbis Neritoni titulo decoravit. In bello Veneto, apud Salentinos pene fub fratre tuo (qui ætate noftra, & armorum, & literarum gloria pollet) militafti: Atque ita te geffifti, ut facilè omnes cognofcerent, te nihil degeneraffe à paterna, atque avita virtute.

VOlentefque cum eodem Comite benignè agere, habentes quoque refpectum ad grata, grandia, & fructuofa fervitia per ipfum Comitem noviffimè præftita in bello, quod contra Francorum Regem in dicto Regno geffimus, quæ non folum hæc, fed majora de nobis promerentur; nec fumus immemores, ut accepimus, quod idem Comes derelictis uxore, liberis, fororibus, & ejus integro ftatu, pro fervitio noftro, quadam triremi Barolum petiit, ordinatione, & mandato Illuftris Gundifalvi Fernandez de Cordova noftri Locumtenentis Generalis, & Armorum Capitanei in dicto Regno, & poftmodum adveniente temporis opportunitate, eodem mandato idem Comes continuè partes noftras propriis fumptibus, fideliter fequendo, Provincias Terræ Bari, & Hydrunti ad noftram fidelitatem viriliter reduxit &c. Datum in Civitate Segoviæ die 30. menfis Septembris A. D. 1505. Regnorum noftrorum &c.

V

De-

Debitum igitur respectum, atque considerationem habentes ad singulares virtutes, indefessumque animum præfati Illustris Belisarii de Aragonia de Aquaviva, in perficiendis omnibus, quæ in rem nostram faciunt, etiam cum vitæ suæ discrimine, variisque laboribus, atque incommodis, quos olim pertulit in bellis per præfatam Catholicam Majestatem contra Gallos super recuperatione dicti Regni, gestis, &c. Datum in Oppido nostro Brusellarum die 30. Julii A. D. 1516. Regnorum nostrorum &c. Utriusque Siciliæ, & aliorum primo, Regis verò omnium primo.

La puntualidad, y amor con que la Casa Acquaviva hà servido à la Corona de V. M. es tan notoria, como la antiguedad de su sangre singularizandose en muchas ocasiones la del Conde de Conversano, particularmente en las revoluciones del Reyno de Napoles por uno de los mas fieles Vasallos de V. M. no solo en solicitar con gran desvelo la quietud de muchos lugares de su estado, pero levantando Cavalleria à su costa, y venir à Napoles en persona al socorro, que el Duque de Arcos pidio à la Nobleza y haviendose alterado algunas tierras suyas acudio luego à sosegarlas sin perder tiempo en hacer lo mismo en otras Ciudades, y lugares que en diversas Provincias tumultaron, siendo parte su diligencia à reducirlas, y sugetarlas à fuerza de armas con el golpe de la Cavalleria, e Infanteria que llevabà, haviendole muerto un hixo peleando honrradamente, y empeñado, y vendiendo los apreos de su Casa para mantenerla, y quedado con extrema necesidad, haviendo padecido todo el tiempo que duró la guerra grandes peligros, e incomodidades en Campaña, hasta quedar todo el Reyno sosegado, y cumplido con las obligaciones heredadas de su Casa, y debidas à la obediencia de V. M. cuya attencion es parte para representar sus merecimientos dignos de que V. M. se sirva de mandarle hacer las honrras, y mercedes que espera de su grandeza, y yo lo suplico à V. M. cuya Catholica Real persona guarde nuestro Señor m. a. como deseo S. De Mezina à 15. de Eneno del 1649. D. Juan.

Majores tui, Andreas Matthæe, à quibus Aquavivorum familia ducit originem, longa quidem serie, perque complura etiam secula, magna cum benevolentia, majore etiam auctori-

&ctoritate , & gloria Veſtinorum Populis dominati ſunt : quorum tranquillum , ac diuturnum imperium , gubernandi lenitas potiſſimum auxit , ſtabilivitque , gravitate tamen , pro cauſis , ac temporibus , moleſtè admodum , prudenterque temperata . Atque illi quidem ad Joſiam uſque avum , atque ad Julium Antonium , patrem tuum , delectati bellicis tantum ſtudiis , in eo genere laudum , excellentiæque claruerunt . Pater vero tuus , cùm minimè quidem aſſequi poſſet quod maximè utique cupiebat , ut militaribus ornamentis laudes eas adjungeret , quæ è litterarum comparantur ſtudiis , atque cognitione ; illud tamen ſumma cura , ſingulari etiam diligentia præſtitit , & opera , quo tuque , fratreſque item tui , quamdiu ætas cujuſque tulit , optimis ſub præceptoribus inſtituti , ita erudiremini , ut cum ætas ipſa firmior jam , magiſque robuſta ad tubam vocaſſet , ac gladium ; ipſis è ludis literarum , atque hiſtoriarum de lectionibus , animi magnitudinem , cumque eâ pariter , maximorum vobiſcum Ducum , atque Imperatorum exempla in aciem afferretis . Nam & ipſe ſic bonarum artium ſtudiis dediſti operam , ut equeſtribus tamen copiis , diverſis etiam in bellis , non ſemel fortiter ſimul prudenterque præfueris , & militare decus , ac belli gloriam ita es aſſecutus , ut philoſophia , cæteræque artes bonæ , te & authore , & magiſtro glorientur , & ſeni jam mihi , atque annos plurimos maximis in rebus agenti , gloriari etiam liceat , vidiſſe tandem principem Virum , & in mediis philoſophantem belli ardoribus , & philoſophum inter libros , naturæque ratiocinationes , tractantem Ducem artes , muneraque Imperatoria , utrumque cum dignitate , neutrum ſine ſuo , & decore , & laude ,

H Ai ben' onde gioir , qual hor fra noi
  Gl' occhi abbaſſi quagiù da ſommi giri
  Anima illuſtre ; e ne' gran figli tuoi
  Tanti tuoi pregj , anzi te ſteſſa ammiri .
Altri là volge armato i penſier ſuoi ,
  Ov' honor vero , e vera gloria il tiri :
  Altri del grand' Ignatio i ſacri heroi
  Regge , e chiude nel cor ſanti deſiri .
Mà tu mira frà lor , ſicome queſti ,
  Ch' n pace , e 'n guerra il tuo valor pareggia ,
  Nutre in petto real voglie celeſti :

XXII.
Gio. Battiſta Marini nella ſua Lira , del Duca di Atri Gio. Girolamo , e del ſuo figlio il P. Ridolfo .

V 2   E de

E de l'Eterno amor mentre fiammeggia
Emulo ancor dell' altro, il qual le vesti
Del suo sangue lavò, d'ostro rosseggia.

ROmana Ecclesia, cæterarum ómnium mater, & magistra, in deferendis præcipuis honoribus, delectum habet virorum, virtute, & meritis præstantium, quibus gravissima quæque, & maximi momenti negotia, ad eam undique in dies confluentia, tuto committi possint, ut in iis expediendis pastoralis Romani Pontificis solicitudo, cui universalis Ecclesiæ cura incumbit, aliqua ex parte sublevetur, ac cognitæ, & spectatæ virtuti congrua præmia tribuantur. Cùm igitur nobis nuper summæ curæ esset, aliquot hujusmodi viros in amplissimum ejusdem Sanctæ Romanæ Ecclesiæ Cardinalium Collegium assumere; invocato divinæ gratiæ auxilio, Te in primis, qui ex veteri Adriæ Ducum familia, quæ cùm aliàs de Romana Ecclesia præclarè merita, tùm maximè in vindicanda Marchiâ nostra Anconitana à factionum impetu, ac bello Hidruntino contra Turcas, in quo Julius Aquaviva gloriosè occubuit, originem Duis, ac dilecti filii, Nobilis Viri Joannis Hieronymi Ducis Adriæ natus, & Joannis Vincentii pronepos, ac Julii Sanctæ Romanæ Ecclesiæ Cardinalium de Aquaviva nuncupatorum, ac Rodulphi, qui superioribus annis pro fide Catholica, apud Indos, mortem constantissime pertulit, frater germanus existis &c.

COmmentatiunculas meas, qualefcumque forent, cujus patrocinio tutò committerem, potiùs quàm tuo, habebam neminem. Solus tu mihi occurrebas, cujus ingenii præstantem vim & dicendi facundiam noscitabamus: cujusque præter Familiæ genus inclytum, præterque avitam gloriam, fortunæque, & animi dotes, etiam acre judicium examussim de studiis bonarum artium, & omni antiquitate sæpè numero factum audieramus.

Giovangirolamo Acquaviva Duca di Atri X. dopo l'haver superata una grandissima difficoltà, con grandissimo suo onore è ammesso in Parnaso.

NEll' Assemblea de' Virtuosi che 'l giovedì della Settimana passata per questo solo effetto fu tenuta, furono prima lette le lettere credentiali del gentil' huomo, che a questa Corte

te hà invitato l'Eccellentiſſimo Signor Giovan Girolamo Acquaviva Duca d'Atri, il quale facendo poi la ſua ambaſciata con
molto acconcie parole fece inſtanza, che 'l Duca ſuo Signore foſſe ammeſſo in Parnaſo, e nella medeſima Aſſemblea con mirabile
diligenza furono eſſaminati i meriti virtuoſi del Duca, ſopra i
quali fu havuto maturo diſcorſo, e perchè quel nobiliſſimo Signore, verſatiſſimo fu trovato in tutte le ſcienze più nobili, e che
nelle Matematiche era pervenuto al colmo della ſuprema eccel-
lenza, di ordine eſpreſſo di Sua Maeſtà partialiſſima di queſta nobiliſſima Famiglia, nella quale par che le buone lettere più toſto
ſieno hereditarie, che col lungo ſtudio di molte fatighe ne facci-
no acquiſto, fu creato ſopraintendente dei triangoli, e lienator
maggior di Euclide, appreſſo poi li fu decretata la ſolita cavalcata,
e percioche i Baroni Poeti, e gli altri Principi Letterati della fa-
condiſſima Partenope, con le loro ſuperbiſſime livree in numero
molto grande l'accompagnarono, la pompa nel vero fu nobiliſſima, e degna di un Principe di tanto merito, ma ſuperò tutte le
maraviglie l'eſſerſi veduto, ch' el Duca lungo raggionamento
hebbe con Homero, e con Pindaro ſenza adoprar il Valla, o altro interprete, attione per certo glorioſa in queſti tempi, e che
tanto maggior gloria arrecò al Duca quanto i Vertuoſi di Parnaſo
conſiderarono, che le buone lettere, che ſi trovavano in quel
Principe, erano di quelle ſopraſine, che tanto riguardevoli rendono quelli, che ſe ne veſtono, perchè non per neceſſità di com-
prarne il pane, o di eſſe (come accade a molti) ſervirſi per patrimonio, ma ſolo affine di non eſſere ancorchè nato di Sangue
Illuſtre, e con molte ricchezze riputato in queſto Mondo un ple-
beo ignorante, & un mendico ſenza lettere, mercè che quel Signore ſtimò ſempre, che la perfetta Nobiltà, e le vere facoltadi,
foſſero poſte nella ſola virtù &c. Coſì grande fu il contento che
ad Apollo diede queſto decreto, che comandò, che dal Creſci
famoſo Scrittor Milaneſe, e primo Majuſculario della Biblioteca
Delfica a lettere di oro cubitali foſſe ſubito ſcritto, e volle, che
a laude, a gloria, & onore della Virtuoſiſſima Caſa Acquaviva,
e per riputattione del Duca, che di coſì pregiato figliuolo haveva
arricchito il preſente ſecolo avanti lui foſſe portato nella Cavalcata, che fu la più nobile, e la più ammirata coſa, che ſi vide in
lei; e per colmare le contentezze del Duca, e gli ſplendori della
Eccellentiſſima ſua Caſa all' Illmo Signor Ottavio Cardinal
Acqua-

Acquaviva, decretò Sua Maeftà il nobiliffimo titolo di *Mecenate*, e hieri per Corriere efpreffo li mandò le Bolle fpedite *in forma dignum*.

Iftorici, ed altri Scrittori, che han trattato della famiglia Acquaviva.

XXVI.   ALefandro ab Alefandro ne'fuoi giorni geniali dedicati al Duca d'Atri Andrea Matteo Acquaviva.

Il Cavalier Angiolo di Coftanzo nell' Iftoria del Regno di Napoli.

Anaftafio Germonio de Sacrorum Immunitat. al lib. 3.

Andrea Vittorelli nelle fue note al Ciacconio.

Alfonzo Ciacconio nelle vite de' Papi, e Cardinali.

Bartolomeo *Facio* nella fua iftoria.

Bartolomeo Chioccarello nell' Archivio della Giurifdizione.

Bartolomeo de Rogatis nell' Iftoria di Spagna.

Cefare Lambertino de Jure Patronatus p.2. lib.5.

Francefco Zazzera nella Famiglia Acquaviva.

Francefco Elio Marchefe nelle Famiglie nobili del Regno.

Fanuccio Campano nella fua Iftoria.

Filippo Scala nell' antichità, e cofe notabili della Provincia di Terra di Lavoro.

Filiberto Campanile delle famiglie nobili di Napoli.

Francefco de Petris ne' fuoi Problemi.

Gian Antonio Summonte nell' Iftoria del Regno di Napoli.

Giacomo Villelmo Imhof nelle tavole genealogiche delle famiglie nobili d'Italia.

Giacomo de Graffiis.

Giacomo de Corellis nell' Iftoria del Cardinalato, e de' Cardinali.

Gio. Gioviano Pontano nella fua Iftoria del Re Alfonfo il giovine.

Maeftro Gio. di Virgilio Coetaneo del Poeta Dante in Chronico Ecclef. Romanæ.

Francefco Acerbo ne' fuoi Poemi.

Giano Pelufio Crotoniata.

Giacomo Augufto Tuano nell' Iftoria de' fuoi tempi.

Gio. Giacomo Hofmanno nel Dittionario univerfale Iftorico Genealogico crit.

Gio.

Gio. Filippo Spenero nel Teatro della Nobiltà al tom. 3.

Gio. di Caramanio nell' antichità del Mondo.

Girolamo Brusoni nell' Istorie d'Europa de tempi suoi.

Giuseppe Campanile della nobiltà delle Città, e Regno di Napoli.

Giovanni Albino delle gesta de' Re di Napoli Aragonesi dedicato al Duca d'Atri Gio. Girolamo Acquaviva nel 1589.

Gregorio Grimaldi nella celebre Istoria delle Leggi e Magistrati del Regno di Napoli.

Giulio Cesare Capaccio nella giornata ottavaa del suo Forastiere.

Ludovico Moreri nel Dittionario Istorico, Genealogico, e crit.

Fra Leonardo Alberti nella descrittione d'Italia.

Marino Freccia nel trattato de subfeudis.

Mambrino Roseo da Fabriano.

Paolo Giovio ne' suoi elogii, ed istorie del Regno.

Pietro Baile nel suo Dittionario critico Istorico.

Pandolfo Collenuccio da Pesaro.

Pietro Vincente nel Teatro de' Baroni illustri che furono Protonotarii del Regno.

Domenico de Rubeis nel suo libro intitolato Specimen certaminum forensium certam. 4. & 15.

Prospero de Cantelmis nel registro delle case nobili del Regno di Napoli.

Paolo Antonio di Tarsia nell' Istoria di Conversano ristampata in Napoli nel 1735.

Rafaele della Torre nell' istorie del Regno.

Scipione Ammirato nel secondo tomo delle famiglie nobili di Napoli.

Scipione Mazzella nella descrittione del Regno di Napoli.

Sempronio Ascia.

Tomaso Costo nel compendio dell' Istoria del Regno di Napoli.

Filippo Scaglia de Antiquitate, & rebus Campaniæ Felicis.

Pietro Vittori nelle sue Epistole selette.

Antonio Galateo de Bello Hydruntino.

Ed ultimamente M. Bruzan la Martinier nel suo Dittionario Geografico critico.

Hermolao Barbaro in una Epistola a Gioviano Pontano.

Giovanni Tarcagnota nel libro 1. della descrizione del Regno di Napoli.

Nic-

Niccolò Toppi nella fua biblioteca Napoletana.

E per ultimo in conferma di quanto fi è fcritto fi poffono offervare i Regiftri della Regia Zecca, e della Real Cancellaria di
Napoli, oltre a' monumenti, e fcritture che fi confervano in forma autentica nell' Archivio della Cafa Acquaviva.

IL FINE.

Lightning Source UK Ltd.
Milton Keynes UK
UKHW030630200521
384056UK00008B/379